広告は、社会を揺さぶった

ボーヴォワールの娘たち

脇田直枝

初めに

ジャーナリズムとは何か。広告はジャーナリズムか。

ジャーナリストに問えば、「否」と答えるであろう。

ジャーナリストは日常の出来事をとらえて報道する。広告はマーケティングである。消費者とのコミュニケーションを企業が求めるときのツールである。ジャーナリズムが世間の表裏で起こった出来事を追求するのに対し、広告は企業の命を受けターゲットの深層部分との対話を吸い上げるのが役割。ジャーナリズムがどちらかといえば分析目線であるのに対し、広告は同じ肩並びで会話する。

私が広告業界に入った1960年代は高度経済成長期に入り、広告業も躍進していた。電通の取扱高は、入社した当時は世界4位であったが、数年して米国の広告会社を抜き世界1位になった。新聞は広告頁で部厚くなり、雑誌も重くなった。また様々なジャンルやターゲットを絞った雑誌が創刊された。TV媒体は売り手市場だった。

一億総中流といわれるようになった市場で企業は消費を煽った。特にデパートや化粧品会社は新聞の大スペースを確保して、シーズンキャンペーンを華やかに広告展開した。主たる顧客は女性であるから彼女たちのインサイトをキャッチできなければ広告の意味がない。

1960年代から、アメリカではウーマン・リブ運動が盛んになっていた。デパートはさすがに感度が高くこの世界の潮流をいち早く読み取り、やがて日本にもウーマン・リブの波が伝わってくることを予想し、西武は「女の時代」を打ち出した。

実態はちっとも「女の時代」ではないのに、と私は反感を持った。

大学進学率は高くなってきたにもかかわらず企業の就職口は「男子に限る」。短大女子は花嫁修業に就職し、結婚退職は必然事項、妊娠おめでた退職、男女の賃金格差は当然、昇格したければ独身主義、と性別役割分担が社会通念だったからだ。

「女性をそういって喜ばせて買わせる魂胆よ」と私は斜に構えて見ていた。

しかし、デパート広告は大衆を洗脳する影響力大であった。本音はともかく「女の時代に乗っかろうよ」と他業界も商魂逞しくフェミニスト顔する便乗組が出てくる。男性が決定者と決め込んでいた住宅・自動車・銀行なども、大勢にならえとマーケット動向に注目しだし右へならったのである。

広告はジャーナリズムではない。しかし世の中の人心は広告の影響で揺れ動く。女の時代でもないのに女性もおだてられてその気になっていき、男性はとりあえず様子見を決め込んでいる内、大勢は女性上位を容認する風向きになっていったのである。

ニュースが世界を動かしているその底辺で、広告活動が大衆を揺すっていると考えると、ジャーナリズムと広告は糾える縄の如し、と言っていいと思う。

女性幹部登用を２０２０年までに30％にする目標を、政府が打ち出したことを考えると感無量である。ここまで来るのに何十年かかったであろうか。

今日私たちが在るのは、三つの大きな波のおかげである。第一の波は１９４５年の婦人参政権の獲得、第二の波はアメリカの１９７０年代のウーマン・リブ運動、第３の波は男女雇用機会均等法の成立である。

これを書いている２０１５年は戦後70年。男女雇用機会均等法成立30年。私が広告業界に身を置いてきた年月の中で、コツコツと女性の立場を理解し主張してきたクリエーターたち、それをバックアップしてくれた広告主があった。それらの企画や言葉が少しずつ社会を動かす手助けになってきた、その軌跡を紹介したいと思った。

企業が意図したかしないかにかかわらず、男性社会にフェミニズムを意識させた広告、女性の本音をぶつけた表現、性別役割分担や雇用制度などを一考させるキャッチフレーズなどなど、不条理な立場を表現してきたことが男性上位の意識改革を進めてきたと思う。安倍内閣のウーマノミクスはその延長線上にある。

糸井重里さんが書いた1980年出稿の西武流通グループの広告を見て、ある日、衝撃を受けた。

『いま、どのくらい「女の時代」なのかな。』

2015年の今使える広告じゃないか。つまり、35年前と状態はあまり変わっていなかったということである。当時は全く「女の時代」になってはいなかった。まだ入り口だった。なのに「どのくらい」とは西武の進歩性をアピールしたかったのだろうか。

女性活躍を政府が叫ばなければならないということは、まだ「女の時代」に到達といえる程に進んでいないことの証明である。

女性活躍、ワークライフ・バランス、ダイバーシティという言葉が飛び交っていたが、なかなか現実には結びついていない。派遣法問題、保育所・学童保育問題など様々な問題があり、また国連女性差別撤廃委員会からは夫婦別姓問題をはじめ民法の改正などを迫られている。

フランスの作家シモーヌ・ド・ボーヴォワール（Simone de Beauvoir）は1949年、

著作『第二の性』(Le Deuxième Sexe) の第1章で「人は女に生まれるのではない。女になる」(On ne nait pas femme, on le derient) と書き出している。女性らしさとか女性の定義は社会が作り上げたもので、本来男性も女性も対等である、という新しいフェミニズム論をヨーロッパに投げかけた。哲学者・ジャン・ポール・サルトル (Jean Paul Sartre) との関係も「契約結婚」として対等の性の在り方を示した。ボーヴォワールが60年以上も前に定義した二番目の性として、日本の私たちも小声ながら主張してきた。ボーヴォワールのようにどこまで確立できるだろうか。

今世紀に入り広告とメディアの環境も様変わりした。1970年代、80年代にあったような4大マスメディアを通しての意識改革に繋がる広告が少なくなった。男女雇用機会均等法が施行されたが、働く意欲がある女性が満足しているわけではない。

安倍内閣の「女性活躍推進法」が「女の時代」への第四の波になってくれることを願いたい。しかし、対等な第二の性として自覚と責任が女性には課せられてくる。

これからの広告とジェンダーはどうあるべきかを広告人には問いたい。

幾つかの「ボーヴォワール的広告」がフェミニズムを推し進めてきたように、広告には力があるのだから。

目次

日本人の平均寿命が伸び、少子高齢社会に突入という報道が盛んであった

いま、どのくらい「女の時代」なのかな。

西武流通グループ
1980年

「女の時代」という言葉は、すっかりなじみの深いものになってきましたね。もともと、これは、あまりに長く続いた男性中心の社会に対する「?」として誕生してきた言葉です。（広告より一部抜粋）

堤清二さんの記憶とともに。

コピーライター　糸井重里

この広告については、特別な思いがあります。実は、このキャッチフレーズは、もともとはこれではありませんでした。また、いまでは珍しいくらい長いボディコピーも、キャッチフレーズの変更にともなって書き直したものです。

当時の「西武流通グループ」の企業広告シリーズは、経営のトップである堤清二さんとていねいなミーティングを重ねてつくっていました。流通グループのなかでの、意欲的な事業を紹介することもありましたし、企業の哲学といえるようなことを伝えることもありました。この回は、「結婚後の女性が、再びその意欲と技能を生かして再就職できるようなしくみ」をテーマにすることに決まっていたのでした。

このシリーズ広告では、文体の主語は「私たち（西武流通グループ）」としていましたので、企業である「私たち」の考えとして内容が展開されます。そのときの担当の方々からは、「とても力になってくれた貴重な人材が、家庭に入って戻ってこられないようなことを、変えたいんです」というようなオリエンテーションを受け、ぼくは、「人材、嫁ぐ。」というコピーを書いたのです。それで、できましたとばかりに堤さんにお見せしたら、その場で、激しく怒り出しました。

「女性にとっての結婚は、人生のなかのもっとも個人的でとても大きな選択です。それを企業の論理で、人材が嫁いで行くなどと表現するのは、あまりにも失礼でしょう」と。その視点は、とても説得力がありました。ぼくは意気消沈しつつ、別の視点を探し続けて、少々自己批評的な、このコピーを書いたのでした。

個人は、個人として尊重されるべきであって、「企業の機能の一部分」として評価されたりすることは、まちがっている。という、堤さんが真剣に語ったメッセージは、その後のぼくの考えにずっと影響を与えています。

I ベアテ・シロタ ショック

ベアテ・シロタ ©「ベアテの贈りもの」製作委員会

1945年 女子教育刷新要綱 閣議決定
婦人参政権実現
1946年 第22回総選挙で婦人参政権初行使
男女平等明記の日本国憲法公布

ベアテ・シロタの「婦人参政権という大波」

安倍政権が女性登用を各界に進言し自らの内閣に女性閣僚を5人指名する時代となった（第2次安倍内閣改造時点）。女性活躍担当大臣という前例のないポストまでできた。2020年までに意思決定の場を女性が30％占めるように、という目標を掲げ、かつてない重要ポストに女性を推挙した。更に安倍政権が重要視する女性の活躍に関する施策をまとめた政策パッケージが発表され、厚生労働省は企業が女性管理職の登用比率の数値目標を設定し公表を義務付けた（2015年8月28日現在）。

振り返ってみると男女共学が新憲法の理念に則った教育基本法にて成立（1947年）。男性の大学と思われていた大学に女性が闊歩できるようになった。女性の地位向上を任務の一つとした労働省婦人少年局が発足、男女同一労働・同一賃金の原則や母性保護規定を含む労働基準法の施行（1947

「すべての女性が輝く社会づくり推進室」の発足時、看板を掲げる安倍首相（2014年10月）
写真提供：共同通信社

年）、民法改正による家制度の廃止（１９４７年）、人口中絶を合法化した優生保護法の施行（１９４８年）と女性の権利を守る法律や制度が相次いで整えられ、１年１年徐々に女性の環境が好転してきた。

新たに女性のポストが設置されたのは画期的な改革である。公的なバックアップは進展を確実に早めてくれるであろう。

１８９０年（明治23年）女性の政治活動全面禁止令が出た。その時から数えて１２４年。こんなに時間がかかったのか、という思いと、ここまでやっと来たのか、という思いが交差して感無量である。内閣が代わってもこの後押しが変わらないことを祈る。

政治活動禁止の抑圧下にあった明治中期、日本が大国として欧米に伍していくためには大衆女性の教育が必要と説いて帝国婦人協会を設立（１８９８年）し、実践女学校・女子工芸学校を設けて女性の自立を促した下田歌子さん。２０１４年9月3日の安倍内閣閣僚人事発表の朝刊を、どんな思いで読まれただろうか。

また青鞜社を結成して、市川房枝さん、奥むめおさんと共に新婦人協会（１９２０年）を設立した平塚らいてうさん等。封建社会に屈服することなく主張を掲げてきた彼女たちはどんな思いでこのニュースを聞いたであろうか。

■昔のお母さんたちの仕事

では、明治・大正の女性たちの生活ぶりはどうだったのだろうか。

庶民の女性のライフスタイルは、尋常小学校を出ると、子守や下働き奉公に行く。経済的に余裕のある家庭は家事見習い、花嫁修業をしながら親が薦めるお見合いの上、家庭の主婦となって家を継いでいく。それが女性の幸せの道、とされていた。

家計が苦しければ妻は「内職」に励む。家の中で密かにやれる仕事で経済を図る。針仕事や洗濯物の請負、下駄の鼻緒のすげ替え、傘張りなど。昔を描いた小説や映画にはその辺の様子が描かれている。樋口一葉の小説から、出来上がった縫物を届けたり、質屋通いで糊口を凌いでいた様子が窺えるように、女性が生活資金を得る手段は限られていた。

農・漁村の女性は家業を担う重要な労働力でありながら、その対価は不明で主導権は夫のものと決まっていた。

ドラマ『おしん』のように貧しい地域では、口減らしに売られる人生も多かった。

下田歌子さんや奥むめおさん等、心ある女性たちがこのような人権無視、不公平、不平等の封建制度に勇敢に発言しだした。

教育の機会を女性も受けられるべきであり、社会参加して自立する道を女性も持つべきであると主張した。

1898年(明治31年)、報知新聞が他社に先駆けて案内広告欄を設け、「職業案内」枠を作った。それが今日の求人広告のはしりとなった。各新聞社もこれにならって求人広告を掲載するようになった。それを見ると「乳母」「見習い看護婦」「女料理人」「カフェの女給」「女優」など、時代の移行に連れて職業の種類も様変わりして増えていくのが見て取れる。

新聞のない時代は隣近所の口コミや絵札といったチラシに頼っていた内職探しが、新聞という「伝言板」で探すことができるようになり、女性が収入を得る場も広がっていった。

勇気ある女性たちは新天地に足を踏み入れ出した。

乳母雇入

津村順天堂　1896年（明治29年）

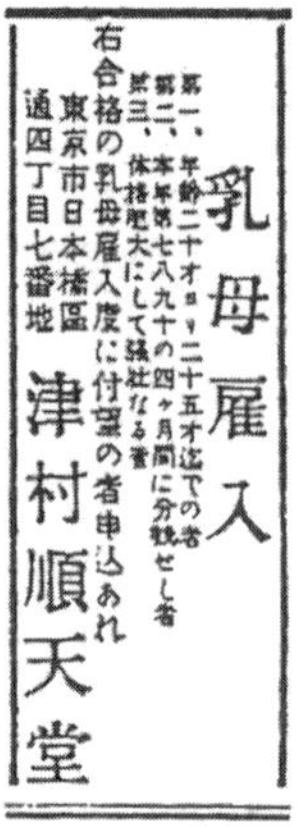

25歳まで、太めで丈夫、この4ヶ月間に分娩した者、というのが条件。

津村順天堂といえば現在では薬品のれっきとしたメーカー。津村家の乳母募集なのか、それとも複数雇入れで人材派遣でもしていたのだろうか？

津村家の乳母であれば親類縁者に頼る手もあるだろう。求人広告欄に出すということは複数を求めていた？　その中から最適任者を選んだのか？　ミルクのなかった時代は「乳母」という職業があったのだ。

婦人に何か良い職業はないかね

美やこ會　1925年（大正14年）

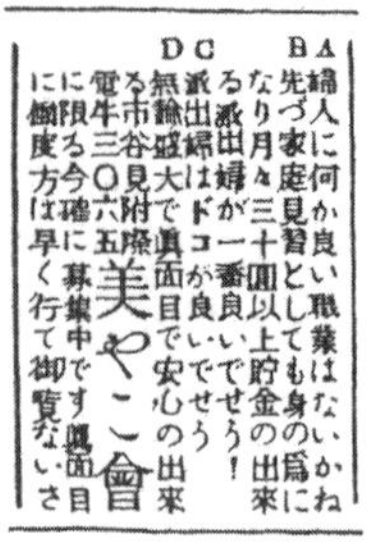

大正も進むと家庭婦人が外に出て働くことを認めるような雰囲気になってきたのだろうか。

男性4人の会話。派出婦がいいよ、家庭見習いにもなれば、毎月30円も貰えるとお薦めする。公示的ではなくA、B、C、Dの人物の会話で語らせて客観性を出すという工夫は現代の広告制作にも通用しそうだ。

「派出婦」という職業が登場してきたのだろう。

女優募集

田中栄三　1920年（大正9年）

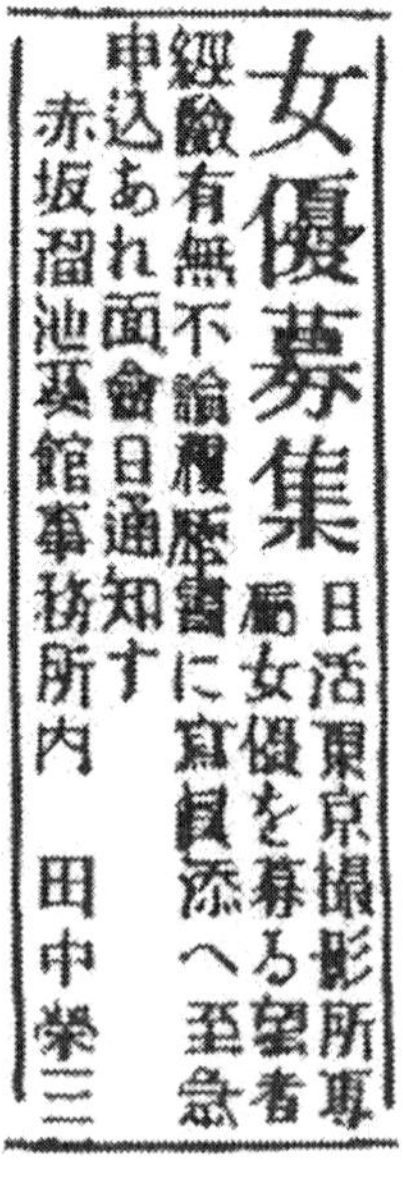

田中栄三といえば新劇から日活向島撮影所で映画を撮り始め、純映画劇運動の旗手と言われた人。映画『生ける屍』（1918年）などの名作を残している。映画を動く舞台劇としてではなく、映画のための映画を撮るために実際の女性を俳優として育てたかったのであろう。無声映画時代は女性の声は男性の弁士が声色を使っていれば済み、男性が女形を演って芝居を見せていた。女優というジャンルの仕事人はいなかったのである。映画の黎明期の広告。

女給仕募集

カフエーアメリカ　1920年（大正9年）

女給仕募集多少教育ある者廿一歳
未滿美容月收百圓內外本人來談
淺草廣小路カフエーアメリカ

ミルクホールやカフェが銀座に出現した。白いエプロン姿の女性は、男性にとってまぶしかった。未経験でも洋装ですぐに就ける仕事に若い女性たちは飛びついた。カフェが増えれば給仕は不足する。昭和に入ると「女給仕募集」広告は数を増していく。

三越の女子供募集

三越呉服店　1914年（大正3年）

三越の女子供募集
年齡十六歳迄尋常六年修業者、望の者
自筆履歷書持參來店あれ
三越吳服店

尋常小学校修業者、16歳まで、という条件。今の中学卒ぐらいまでの年齢か。こんな若い店員さんが立派に営業できたのだ。

三越が新聞の求人広告を採用したのは、呉服の三越から百貨店三越へ進展するための求人だったのだろうか。それにしても、〝女子供〟とは……。

ミルクキャラメル女工　500名募集

森永製菓　1916年（大正5年）

○ミルクキャラメル女工(三三五)　五百
名募集　十三歳以上日收廿五錢より熟練して
六十錢位　芝區田町　森永製菓株式會社

13歳以上の若い女性500名募集という数字は求人広告欄始まって以来の大量募集だろう。これこそ新聞広告の利用価値を認めた証拠である。ミルクキャラメルの美味しさが評判になって製造が追いつかなくなった様子がこの数字から読み取れる。生産の拡大、工場の新設、お菓子の大量生産時代の幕開けといっていいだろう。明治時代には身近な伝言板的なものであったが、大正に入ると、新聞広告は広域に告知でき、大量採用に効果的であることが認識されたのだ。

デパート其他職業婦人を特に歓迎す

サロン春　1936年（昭和11年）

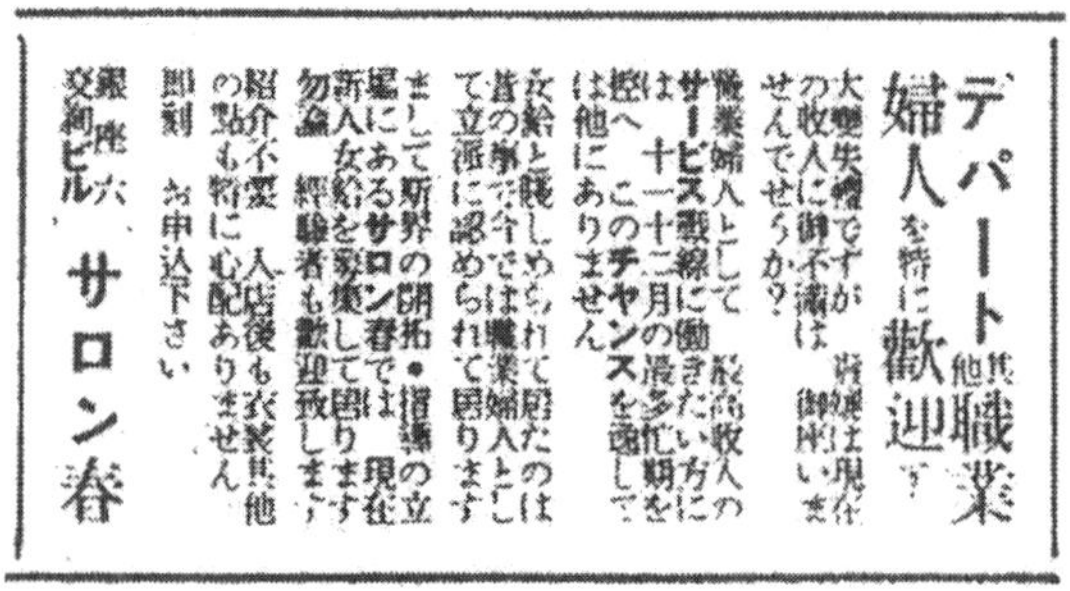

デパート其他職業婦人を特に歡迎す

大變失禮ですが皆樣は現在の收入に御不滿は御座いませんでせうか？

職業婦人として最高收入のサービス戰線に働きたい方には十一十二月の最多忙期を控へこのチャンスを逸しては他にありません

女給と貶しめられて居たのは昔の事で今では職業婦人として立派に認められて居ります

まして斯界の開拓・指導の立場にあるサロン春では現在新人女給を募集して居ります勿論經驗者も歡迎致します

紹介不要　入店後も衣裳其他の點も特に心配ありません

即刻　お申込下さい

銀座六、交詢ビル　サロン春

「女給と貶められていたのは昔の事で、今では職業婦人として立派に認められて居ります」と書いてある。「職業婦人」という名称がオーソライズされてきたのであろう。「其他職業婦人」が気になるが、デパートガールという呼び名もこの頃誕生した。

サロンがあちこちに増えて繁盛し、女給さんが足りなくなったのだろうか、転職のお薦めである。

満州行少年少女募集

東京市少年少女職業紹介所　1936年（昭和11年）

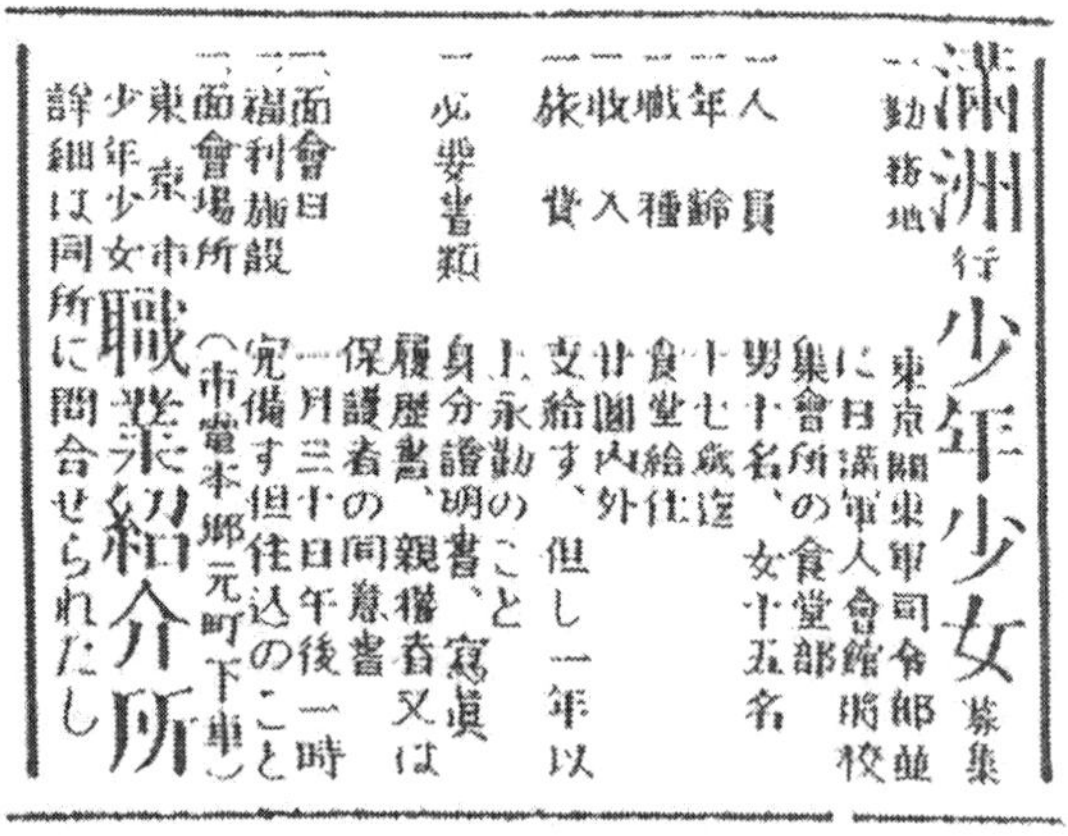

滿洲行少年少女募集

一、勤務地　東京關東軍司令部並に日滿軍人會館將校集會所の食堂部

一、人員　男十名、女十五名

一、年齡　十七歳迄

一、職種　食堂給仕

一、收入　廿圓内外

一、旅費　支給す、但し一年以上永勤のこと

一、必要書類　身分證明書、寫眞履歷書、親權者又は保護者の同意書

一、面會日　一月三十日午後一時

一、福利施設　完備す但住込のこと

一、面會場所　東京市少年少女職業紹介所（市電本郷元町下車）

詳細は同所に問合せられたし

日本が満州へ拡張していたころ、東京市が若い労働力を送り出していたのだ。東京関東軍司令部並びに日満軍人会館将校集会所の食堂給仕として、17歳までの少年少女が新天地を求めて海を渡っていった。不況と恐慌に見舞われていた内地にいるよりは、東京市が斡旋しているのだから安心という気持ちで親も送り出したに違いない。

ミス・シセイドウ十名募集

資生堂宣伝部　1936年（昭和11年）

ミス・シセイドウ(十名)募集
年齢、二十歳前後　容姿端麗
なる良家の麗孃
學歴、女學校卒業程度
履歴書、寫眞添附の上一月三
十日迄に送附あれ
面會日、追而通知す
養成期間を二ヶ月とし卒業と同時
に社員に採用美容術並に化粧品の
宣傳販賣に從事するものとす、尚
養成中も手當を支給し卒業後は服
飾、化粧品等も給與すべし
東京銀座　資生堂宣傳部

養成期間2ヶ月、その間手当支給、卒業後は社員に採用と明記。近代的な経営姿勢がみえる。容姿端麗が資格というのはミス募集だから当然だが、良家の令嬢とは思い切ったものだ。人事部でなく宣伝部募集とは宣伝部の力が強かったのだろうか。

ミス・シセイドウ第1期生
資料提供：資生堂企業資料館

この後、日本は戦時体制に入り「欲しがりません、勝つまでは」のスローガンの下、新聞紙面から一般広告も求人広告も姿を消していった。広告の類を見るようになったのは終戦後、１９４５年以降である。

■女性の仕事は、家では内助の功、外でも内助の功

読売新聞（２００９年4月11日）の連載記事「家庭面の一世紀」に、家庭面を担っていた記者・望月百合子さんの話が書かれている。この紙面から当時の働く女性の姿が浮かび上がってくる。

望月記者の仕事は、各界の著名人や夫人の家を訪ねる探訪記事。例えば１９２０年5月10日は総選挙の投票日だった。議員を取材するのではなく議員夫人の「内助の功」の取材が中心といった具合だった。女性には選挙権がなかったからである。

「よみうり婦人付録」（１９１９年）では女性の職場事情が32回にわたって紹介された連載記事があり、逓信省についてこう書かれていた。

「男子は昇進の機会が多いのに、女子は賃金少なく、20年働いても判任官（高等官の下）止まり」と。

女性の社会進出が始まってきたことによる32回にも及ぶ紹介記事があったことも意外であり、男女の格差を紙面でオープンにしたことも、また１９１９年（大正8年）に読売新聞社が女性記者を採用していたことも意外であった。

ガントレット恒さん、久布白落実さん等は婦人参政権獲得のために日本婦人参政権協会（１９２１年）を設立した。同じ志を持つ他の各団体が大同団結して運動を展開しようと婦人参政権獲得期成同

盟（1924年）も結成された。精一杯活動を続行してきてくれた幾多の先人たちがいたことを私たちは忘れている。しかし彼女たちの想いは永遠に繰り返し打ち寄せる波のように、明治、大正、昭和、平成へと時代が変わっても、女性たちの胸にひたひたと打ち寄せていた。波には静かな秘めたエネルギーがあった。

来し方を振り返ってみると、今日の自由を得る過程には三つのうねりがあって、そのおかげで私たちがいるのだ。

「私のお母さんの頃はね、選挙権なんて女の人にはなかったのよ」

小学5年の孫にそう言うときょとんとしている。選挙のたびに投票所に母親と一緒に行っているから、選挙権というものは誰にでもあると思っている。

「日本の女の人が参政権を持てたのは、日本が第2次世界大戦で負けて、日本国憲法を作ったおかげなの。それまでは男性だけが政治活動をすることが認められていて女性には権利がなかったのね。1945年に新しい日本の憲法を米国主導で作った時に、弱冠22歳のベアテ・シロタ・ゴードンさんというアメリカ人の女性が、日本女性に参政権がないことに気が付いて驚いて、女性の参政権を認めるべきだと主張して条文を書いてくれたおかげなの。それで私のお母さんたち、つまりあなたの曾おばあちゃんたちは初めて選挙権が持てたのよ。代議士に立候補もできるようになった。今は選挙になると女の人が選挙カーに乗って演説したり投票を呼び掛けているのを見たことがあるでしょ。そんな光景、昔は考えられなかった。

昔は男尊女卑といって、女性は男性と対等に扱われなかったのよ。議員さんは男性ばっかりだったのね。もし日本が戦争に勝っていたらどうなっていたでしょうね。

今のような権利はなかったと考えるとぞっとしてしまうわ」

新憲法は1945年発布、女性の参政権が認められ、公に政治活動が認められた。明治・大正・昭和初期にわたって地を這うようにして女権拡張のために頑張ってきた女性たちの苦労が、憲法という後ろ盾を得て大きな波となった。これを私は日本のフェミニズムがエネルギーを持った最初の波だと思う。

ベアテ・シロタさんの提言のおかげであることをほとんどの若い人が知らないのは残念である（ベアテさんは2012年に享年89歳で亡くなられた）。

ベアテ・シロタのパスポート（1945年発行）　©「ベアテの贈りもの」制作委員会

※戦後初の選挙の際に内務省が制作したポスター
「御婦人方」と特定して呼びかけ、投票用紙まで持たせていることがいかに女性たちにとって経験のないことであったかを物語っている。紙が貴重な時代で、ワラ半紙のような紙だった。

「御婦人方 投票をお忘れなく」(内務省、1946年)
1945年(昭和20年)12月、初めて女性の参政権が認められた。翌年の総選挙では、39人の女性国会議員が誕生。投票率は、男性78.52%に対して、女性66.97%だった

Ⅱ　ウーマン・リブ ショック

１９４７年　「男女同一賃金の原則」明記の労働基準法施行
改正民法公布　家制度廃止
１９５５年　石垣綾子「主婦という第二職業論」
１９６０年　日本初の女性大臣誕生　中山マサ厚生大臣
１９６７年　女性の就業人口２０００万人を超える
この頃よりウーマン・リブ運動広がる
１９７５年　国際婦人年世界会議　メキシコにて開催
１９８０年　国連婦人の10年中間期世界会議　コペンハーゲンで開催
女性の就職情報誌『とらばーゆ』創刊

太平洋からウーマン・リブは漣《さざなみ》となってマスコミを揺さぶった

大衆の一歩先を読み取らなければならないという宿命の広告業界のアンテナも揺れた。

広告業界は圧倒的に男性社会である。制作関係でも男性が多い。それは今もあまり変わらないが、私が電通に入社した1960年代は女性コピーライターの数はわずか7人、デザイナー3人だった。東京コピーライターズクラブの名簿を見ても、男性81人に対して女性は13人であった（1963年）。

広告はクライアントの意思を受けて制作する。制作者は時代の空気や大衆の欲望がどの辺にあるかを読み取りながらマーケティングに効果的な企画を提案する。広告は消費者の潜在心理を掘り起こす「刺激剤」でなければならない。だから制作者はアンテナを張り巡らして世の中の波動を見つめ、どの波に商品を乗せたら消費者の心を揺さぶれるか、と考える。その波は大きいとばかりは限らない。漣のこともあるし、海流の底辺にあるかもしれない。優れた広告マンは未来を覗くことができる望遠鏡と、何処にマーケットを創れるかを探る探知機を持っている。

敗戦後、政治も経済も様々な事象が欧米の影響を受けたが、中でも深く静かに日本人の精神構造にかかわったのは、1960年代後半～1970年代にかけてアメリカで起こったウーマン・リブ運動である。

この運動は肌の色や性別によって差別や区別があってはならないという公民権法第7編の波を背景に、性による役割分担や差別を撤廃しようというフェミニズムの声であった。

日本でも1970年11月に第1回ウーマン・リブ大会が渋谷で開かれている。

この頃のマスコミの記事の口調には「うるさい女性たちが紅い気焔を上げているよ」といった扱いが感じられた。一部過激な女性たちの集まりとタカをくくっていたのだろう。

一方アメリカではウーマンズ・ライトを叫ぶ声は公民権運動と連動してますます大きくなっていった。この時期に出版された2つの本がフェミニズムの波を大きく世界に広げた。

エリカ・ジョング『飛ぶのが怖い』。この本はエリカ・ジョングの自伝的小説と言われている。1973年に出版され、ペーパーバックで350万部以上という大ヒット作品となった。

精神科医の夫を持つ詩人でジャーナリストの主人公「わたし」が、性について真っ正直に語る告白書。女性作家がここまで赤裸々に女性の欲望を書いたものはかつてなかったのである。

エリカ・ジョング
『飛ぶのが怖い』

自由な国と思われているアメリカ社会でも、インテリで自由放埒にファックする「わたし」に批難轟々。当然保守的なカソリック信者からも猛烈な批難が起こり、さらに好奇心を煽った。

「わたし」は世界中を旅しており文明批評も痛烈である（勿論日本にも手厳しい）。出だしはバイロンの詩から始まりシェイクスピアの引用、サルトル・ボーヴォワール論など知的な評論がちりばめられ、読み方を変えればファック小説を超えた面白さがあり、陽気でさえある。1970年代のアメリカ社会では不謹慎な本であったかもしれないが、現在読めば、何という正直でまじめな「わたし」ではないかと思うくらいだ。題名の「飛ぶのが怖い」は物理的に飛行機に乗るのが怖いシーンを言っているのであるが「飛ぶ」が自由気まま、奔放に意訳されてか「飛んでる女」が解放された女性の代名詞となって流行した。

もう一冊は、シェア・ハイト『オーガズム・パワー――真実の告白』（1976年）。

この性白書は衝撃だった。女性はセックスを語ることはタブーであった上に、男性が考えている女性のセックスというものが盲信であるという事実をデータで示したからである。女性にも性欲があり、オーガズムの何たるかを明らかに語っていることはショックだった。男性が自分たちに都合よく解釈していた女性の性を覆したからである。オーガズムという言葉は口で言うのも書くのもはばかられた時代だったが、ハイトは公然と活字にした。

この二つの本は秘め事だったセックスの真実を女性自身の言葉で赤裸々に語ったことで賛否両

論、世間は騒然となった。

フェミニストからはよくぞやったと拍手。ウーマン・リブのシンボル的存在となってこの二つの本は世界中に出版され伝播していった。

ちょっと進歩的な発言や行動、変わった服装をしたりすると、〝アイツは飛んでる女だから〟と揶揄を込めたレッテルを貼られ、革新的な女性の代名詞になった。

シェア・ハイトは男性と女性が一緒にビジネスに携わる時に知っておくべきこととして、『ハイト・リポート　女はなぜ出世できないか』を著している。この本は衝撃的な前作とは違い、オフィスにおける新しい心理学として、女性同士の関係、ボスとの付き合い方、男性部下からの見方など具体的に指摘している。2001年に出版されたものであるが、今の日本のキャリア・ウーマンの参考にもなるアドバイス・ブックである。

シェア・ハイト『ハイト・リポート
女はなぜ出世できないか』

日本にも「飛んでる女」は飛んできて草の根に広がった

アメリカがクシャミをすると風邪をひくといわれた日本経済と同様に、ウーマン・リブも対岸から漣のように太平洋を越えて日本にも押し寄せてきた。

当時はTVと新聞・雑誌などのマスコミ報道でしか外国の情報を知ることができなかった。まして、1ドル360円の時代には海外旅行は特別な理由のある人しか行けない状態。アメリカは遠かった。

ウーマン・リブの波が日本に押し寄せてくるのには少し時間がかかった。

ウーマン・リブ以前でも主婦のシンボルとして「おしゃもじ」を掲げて女権を主張する「主婦連」といった女性団体はいくつかあり、それなりに女性の地位向上をアピールしていた。

アメリカのウーマン・リブははっきりと性の解放、男女同権を要求していたことの違いがあり、日本の女性たちの胸に長いこと燻ぶっていた不満に火をつけた。

ウーマン・リブはいくつかのグループに影響を与え、「ぐるーぷ闘う女」「集団エス・イー・エックス」などが地域や職場やキャンパスなどでティーチ・インやイベントやミニコミなどを地道に継続して浸透していった。ウーマン・リブ運動は特定の組織や政党のバックアップがあって広がっていったものではなく、無名の飛んでる女たちの、手づくりの印刷物で急速に広がっていった。20世紀最大の、〝女百姓一揆〟に私には見える。

こうした底辺の動きを見逃さない業界もあった。女性をターゲットにしていた雑誌社である。集英社『MORE』（1977年創刊）である。集英社はそれ以前に『non-no』を1971年に創刊していた。『non-no』を読み始めた読者は、20歳で『non-no』を卒業していく傾向にあった。その上の世代の雑誌はなかったのである。大人の女性誌といえば良妻賢母思想の『主婦と生活』をはじめとする、いわゆる婦人4誌とハイクラス層をターゲットにした『家庭画報』『ミセス』『マダム』などの家庭婦人誌だった。

『MORE』は、『non-no』卒業生を対象に、未婚既婚の区別をしない1つの女性をイメージ・コンセプトにして企画された。一方、平凡出版社（当時）でも、『an・an』卒業生向けの『クロワッサン』が誕生した。この『non-no』『an・an』の卒業生はファッションや旅・レジャーに関しては高度な情報を体得していた。衣食足りて礼節を知るということわざのように、彼女たちはさらに上にいく欲望が芽生えだしていた。アメリカで話題となっていたウーマン・リブ。女性の自立って何だろう、と興味を持ったのである。

『MORE』の創刊編集長・茅野力造さんはこの層がコア・ターゲットになると考えた。

皇室記事と料理とゴシップとお金儲け話を企画すれば当たる、とされていた業界の4大特集テーマを脇に置いて、創刊号特別企画は、「MOREたちのほんとうの自立を考える『あなたは、なぜ飛ぶのが怖いのか』」だった。

精神面でのクオリティ・オブ・ライフの提案だった。若い女性誌が、真正面からアメリカのウーマン・リブ運動と向き合って自立をテーマに掲げたのである。記事はもとより「MORE国際セミナー」を開催し、欧米で活躍している女性たちの生の声を聞く機会を設けた。日本の女性たちは大学を出て社会に出てみたら男女の格差がどこに行ってもあることに不満をもっていた。自分の人生これでいいのだろうか、結婚したら会社を辞めるべきか、仕事は続けたい、と悩んでいたのである。「アイデンティティを持ちなさい」。セミナーで語られることは「アイデンティティ」だった。『MORE』はアイデンティティ・マガジンをサブタイトルとしていた。

雑誌社がこのような企画を取り上げれば、このメディアを活用して、ターゲットを同じくする化粧品、食品、ファッション、流通などの業界もフェミニズムの台頭を無視できなくなった。広告はもちろん、商品開発にもかかわる問題だった。従来の良妻賢母型でもなく、『non-no』『an・an』族でもない、新しいライフスタイルを求める女性層。1つの女性であるという意識が強くなった女性たちの出現だったのだ。彼女たちの発言も次第に大きくなっていった。一雑誌が、ある時期の日本女性の精神的改革に役立っていたのである。

大量生産・大量販売のシステムも曲がり角に来ていた。ライフスタイルを重視する団塊の世代、量より質を求める中流意識、大衆でなく分衆、いや小衆だ、個食だと社会は変化し続けていた。

広告業界もその変化に必然的に対応を迫られてきた。自立に憧れる女心。かつての女性らしさを脱ぎ、新しい顔を持ちたいと願う女性の群れ。

変化してきた消費者インサイトをキャッチしなければならない。企業と広告代理店の関係も変わっていった。

「生活者が求めているものは何か」と考え、社会心理に潜むマーケティングを提供する広告ビジネスが求められるようになった。

■女性への援護射撃はこの広告から始まった

女性はもっと怒るべきです。

富士ゼロックス
1970年

複写機といえば購入決定者は総務部・課長である。しかし実際に複写機を使う頻度が多いのは部下である女性社員であることをゼロックスはわかっていた。その女性たちを広告の主役にすることを考えた。

他のオフィス関連メーカーでもその辺までは気付いていたと思うが、実際の使用者としての発言を傾聴することはなかった。広告はアテンション・ゲッターとしてのニッコリ美女であれば良く、それ以上の役割は期待しない企業が多かった。モーターショーの展示場で車に寄り添っているモデルと同様の考え方である。

ゼロックスはアメリカのフェミニズムの台頭を意識して「もっと怒るべきです」と、しかもアッカンベーと上司に反逆させている。とんでもない、行儀の悪い女性社員である。本来広告というものは性善説であって良いところを強調するのがまっとうな制作。それに反して女性の見苦しいイヤな顔を広告に使う、という逆説手法に、朝、新聞をめくった読者は度肝を抜かれた。広告主もよくOKしたと思う。

給湯室でぶつぶつ文句を言っているOLの実態。制作者はその辺のことを洞察していたのである。

〝部長なんてコピー取ったこともないのに。どのメーカーの、どの機種が一番使い勝手がいいかわかるはずがないじゃん。使っている私たちが一番よく知っている。どれが効率よくてどれが経済的か私たちが一番よく知っている。どうして私たちの意見を聞かないの〟、という現場の声を表に出すことをクリエーターは提案したのだ。

ボディコピーには次のように書かれている。

「コンピューターの広告はたいてい男性がでてくるのに、複写機の広告はほとんど女性。まるで女性は複写機のそえもののようです。コピーはつまらないしごと。だから女性に。おなじ複写のしごとが大部分のゼロックスにとって、これはとても賛成できない考え。

ゼロックスも以前、そんな広告をしたことがあります。反省しています。それにしても週刊誌の表紙、グラビア、お酒の広告、テレビの深夜番組のカバーガール。どこも女性、女性、女性。女性が魅力的だからという以上に、なにか安直な添えもの的ニオイがしませんか。

ゼロックスはとくにフェミニストだというわけではありません。ただ社長さんや部長さんが自分でゼロックスすることをちっとも不思議に思っていないだけです。そのほうが能率がよい場合もあるし、女性は実際、もっといろいろなしごとができることを知っている。それだけの話しです。

世の中、モノをつくっているのも、政治をしているのも、広告をつくっているのも、大部分が男性の男性社会。女性の立場から見れば、ずいぶんハラの立つこともありそうです。ウーマン・リブなどといわれて頭にくるまえに、おたがい、ちょっと考えてみませんか。」

日経新聞を使っての商品広告であるが情報産業としての姿勢を感じさせる企業広告にもなっている。

この広告の巧みなところは、二つある。時流を早く読み取り、直接の購買決定者ばかりでなく、実際の使用者に目をつけた点が一つ。この広告に接した部・課長たちはとんでもない女性社員だ、と不快に思っただろう。実際は使い勝手を一番よく知っているのはコピーを取らされる女性社員たち。広告をよく読むと、〝なるほどそうだった、彼女たちの意見も聞いてみるか〟と改めて機種の選定者にOLがふさわしいことに気が付いたのではないか。

もう一つの巧みな点はOLに反逆の勇気のお墨付きを与えたこと。自分たちの言い分を聞いてよ、と不満が鬱積していた女性たちの応援歌となったこと。

〝権利を主張してもいいんだよ〟〝ゼロックスは女性の味方だよ〟と宣言したことである。リースや紙の補充など営業マンは総務課の女性と日々何かと接点が多いから、彼女たちの心を掴んでおけば後々の影響は大きい。

ターゲットは目の前ばかりではなく背後にもあるという良いマーケティングの手本ではないか。

■独り立ちへの援護となったディスカバー・ジャパン

いま
わたしは旅人

日本国有鉄道
1971年

1964年、大阪万博を見越して東海道新幹線が開通し、東京—大阪間を4時間で結んだ。更に岡山、博多まで新幹線が伸びることも計画されていた。GDPは二桁成長で増え国民所得も順調だった。国鉄の依頼を受け電通・国鉄担当は「ディスカバー・ジャパン」という企画を提案した。

1970年の大阪万博は大成功。新幹線の速さに胸躍らせた国民は、衣食足りてそろそろ物見遊山でもしたいな、と旅心をそそられる余裕が出てきていた。

当時旅といえば、まず男性同士の社員旅行、老人仲間の温泉旅行というのが定番で温泉旅館を賑わせていた。通常の広告なら名所旧跡を紹介し、名物や美味しい料理、土産を広告すればよかった。

電通のとった戦略は、『an・an』『non-no』『クロワッサン』といった女性情報誌の影響でファッション、海外情報など文化に知識を広げて行動的になってきた若い女性たちをターゲットとする提案だった。

父親は企業戦士。残業・残業の毎日。休みも取れず休日出勤している状態。旅行どころではないのがお父さんの世界。一方娘たちは親元で暮らし、働いた給料は自由に使える。懐の余裕と好奇心に満ちた層が世の中に潜在してきていることに焦点を当てた。

精神的自立までには至ってはいないが、独り立ちしたい、ひとりで遠くへ行きたい、といった願望を持ち始めていた。私ちょっと飛んでみたいかも。友達と一緒なら平気だわ、という二人連れ現象が起こり始めた。

〝御神酒徳利みたいだ〟、と彼女たちを世間は揶揄した。お揃いのような服とバッグに、同じブティックのショッピングバッグを持って歩く様子を、一対の徳利に譬えたのである。

企画は彼女たちをコア・ターゲットにした。名所旧跡の、いわゆる観光ポスター的映像ではなく、彼女たちをヒロインとしたイメージ写真を撮った。

旅心をそそるような映像を見せられると人はそこに自分の姿を投影する。特に女性はそういった心理が強いようだ。写真はその辺の心理を切り取った映像となった。

国鉄は考えていた具体的な名所旧跡を写した写真ではなかったので当初は面食らったようだった。しかしポスターが駅頭に貼られ、雑誌や新聞に掲載、ＴＶなどに流れると女性たちの心に火をつけた。

写真の女性にはタレントや有名人を採用せず、無名の素人っぽいモデルを採用した。等身大の女性が佇んでいる。私もそこへ行ってこんな「旅人」になるのだわ、といった錯覚を起こしそうなシーンにますます旅への憧憬をそそられていった。

一昔前は女性の一人旅は自殺志願者と間違えられ、旅館では敬遠されたものである。女性同士でもお友達と一緒ならと旅館もまあ安心だし、親も許してくれるという風潮になっていった。『an・an』『non-no』などの情報誌を持った若い女性が金沢や、京都、奈良で見かけられるようになった。一人で渡るには勇気がいるけれど、みんなで渡れば怖くない式に、ディスカバー・ジャパンは女性の独り立ちへの助走となったのである。

例えばＪＡＬパックという旅行会社の、アゴアシマクラがセットの簡便な海外旅行の広告に乗って跳躍していった。会社人間の男性のようにしがらみのない女性は行動しやすい。

外国で高級ブティックめぐり、ブランド品漁り、レストランめぐりをするうち、日本の若い女性たちは世界を経験して日増しに磨かれ、美しくお洒落に洗練されていった。同じ年頃の男性よりはるかに見聞を広めてしまった。外国人から見ると、日本の女性は一流だが男は三流だといわれたり、「成田離婚」という言葉が流行語にもなった。新婚旅行で海外に行ったが、メニューも読めない夫に幻滅を感じて離婚してしまうカップルが目立ったのだ。

女性の国際化への助走に男性たちは追いつけなかったのである。

ネスレのインスタントコーヒーの「違いがわかる男の」というＣＭが大ヒットしていた。日曜日のゴールデン・タイム『日曜洋画劇場』にこのＣＭが流れ、有名文化人がカップの香りを嗅ぎ、美味そうにうなずく。見ている方もなんとなく嗅覚を刺激されて「コーヒーを飲みながら見るか」という気分になるＣＭだった。だが、捻くれた見方をすれば、この人たちだけが違いがわかり、大多数は違いがわからない男たちだよ、ということではないか（まあ、単純にいえばこの有名人がお薦めするコーヒーだよ、と言っているのだけれど）。

天野祐吉さんが亡くなり、かつて出された「私のＣＭウオッチング」を先日読み返したら、同じことを書いていたのを見て我が意を得た。天野さんは次のように書いていた。

「『違いがわかる男』がそれだけ強調されるということは、違いがわからない男がそれだけ多いということでもある。違いがわからない男がいっぱいいるから『違いがわかる男』がもてはやされるのだ。その証拠に『違いがわかる女』なんて言葉は、あまり聞かない。女はもともとデリケートだから、違いがわかって当たり前ということなのだろう。（中略）

女は『いい悪い』のモノサシのほかに『好き嫌い』のモノサシを使って計っている。だから似たりよったりの商品の間にも、レキゼンとした違いを発見したりする。それは男を選《え》り分けるときの手法と全く同じだ。」

（朝日新聞「私のCMウオッチング」第1回1984年4月5日）

違いがわからない男なんてレストランで幻滅したし、好きではなくなったら成田離婚は当然の成り行きということだろう。けだし名コラムである。

解放の波はひたひたと、さまざまな分野にも打ち寄せていた。

マンガ『同棲時代』（1972年連載開始）が大ヒットしTVドラマ化、さらに映画化され「同棲」が流行語になった。男女が一緒に暮らすのは結婚という形を取らなければ後ろ指を指されるのが当たり前だった。この『同棲時代』で同棲が大っぴらに語られるようになり、結婚の枠にとらわれない生き方が是認される風潮が出来上がっていった。また映画『エマニエル夫人』（1974年）が封切られた。外交官夫人である主人公がある日、性の欲望に目覚めさせられ、自由な、大胆な女性に変貌していくストーリーは、世間を驚かせた。「エマニエル夫人」は自由奔放な女性の代名詞となった。

１９７０年代初頭は女性の性の解放を謳うものが多くあり、何かと女性の話題が興味深く取り上げられるようになってきていた。

その辺の空気を敏感に利用したのが百貨店である。

■おだてられながら、買いながら、女性は考えた

女の時代。

西武百貨店
1978年

女性客を主たるターゲットとするデパートとして女性を持ち上げるのは当然であるが、ここまできっぱりと宣言した広告は今までなかった。男性たちは無言だった。女性たちは歓迎した。

この70年代は西武、伊勢丹という2大デパートが女性の立場を認める温かい視線と言葉を広告を通して発信し、ウーマノミクスを推進する大きなウェーブとなった。単にモノを買わせるおためごかしでも、主要なお客だから、というわけではなかったと思う。時代を読み取っていた制作者とそれを理解してくれた広告主側のトップがいたのである。西武、伊勢丹の広告活動は女性ばかりでなく社会や男性に与える影響も大きかった。西武が言うのだから、伊勢丹が言っているのだから本当だろう、と徐々に社会の空気を洗脳していった。当時、電通という男性社会で働いていた私は、この広告を見て、「果たして今、女の時代と言えるだろうか」と疑問に思った。

私たち働いている女性にとっては、給与の差別があり、昇格の差別は当然ある。家庭にあっては「私作る人、僕食べる人」で、女の時代とはとても感じられるものではなかったからである。デパートの顧客が女性だからおだてている、騙されちゃだめよ、とも思った。しかし、新聞やTVなどマスコミでこの「女の時代」という言葉を見かけると、世間は、〝そうなのか〟という雰囲気になっていった。「女の時代ではないからこそ『女の時代』という言葉が活きたのだ」と納得するようになった。西武は女性の味方よ、応援するよ、というメッセージを出しながら、女性ファンをしっかり確保して「西武の時代」を築いたのだから、やはり商魂巧みなのであろう。

わたしたち、避暑地の服を着て働きます。

西武百貨店
1979年

「自由な発想は自由なファッションから生まれます」とイントロに書いてある。当時ほとんどの会社は事務職でも女性社員は制服姿だった。男性には制服はなく自由な背広である。女性は男性社員の補助、という考え方からお揃いを着せて、事務の部隊化のつもりだったのだろう。

スチュワーデスやデパート・銀行などは一種のブランド・アイデンティティとして胸を張って制服を着られる。その昔、三越や和光に勤める女性たちはその制服にプライドを持っていたそうだ。

一般事務職の制服は、十把一絡げに同色で纏めて、一段と低い階級なのだと自覚させる。それも下町の制服問屋などで大量注文した紺のサージの無個性な上っ張りである。間違っても洋服を汚さないようにという配慮ではない。華美になったり、目立った服装にならないようにという思惑だったろう。

私は大学を出て某乳業会社に就職した。グリーンの上っ張りを支給され、皆とまったく同じ事務着を着なければならないという不条理に屈辱を覚えた。同じ大学から入った同期の男性はそんな制約はない。大学を出て対等だったつもりが社会に出て初めて、はしごを外された思いがしたものだった。

この広告のバックグラウンドには女性社員のアンチ制服論がある。遊びに行くようなカッコで働くつもりか、と目を剥いて怒りそうな社長さんの顔が見える。避暑地というのはフランスのサントロペのイメージ。お仕着せの制服を脱いで活動的でビビッドな服でのびのび働きましょう、女の時代なのだから、と呼びかけている。制服を着ない、という宣言はウーマン・リブの大胆な実践であった。

甘えずに生きていきたい

伊勢丹
1976年

1976年秋のテーマに伊勢丹は「甘えずに生きていきたい」を選んだ。「着る人に自立した生き方がない限りどんなに新しい服を身につけたって所詮はウインドのお人形さんと同じじゃないかしらん。まず誰のマネでもない自分を見つけることですね。で、これからの服は『あら、かわいい』で買うんではなく。デザイナーの、その生き方に共鳴できるようなそんな手がかり、つまり、キャラクター」で選んでほしいと広告の本文で書いている。

モデルはドミニク・サンダ。日本人モデルではなく強烈な個性のサンダが既成観念を破ったシンプルな裁断の服で、モデルの常識を破ったポーズで服を見せている。この広告を見た人は、自分は夫や恋人や親に甘えているかどうか自問したに違いない。そうか、服装にも生き方や考え方が表れるものなんだ、と思ったはずである。この秋のテーマにあげられたカルバン・クラインなど5人のデザイナーの服を見て、それぞれのファッションが生き方を表現しているものだと改めて比べてみたのではないだろうか。

飛びたい人の、

西武百貨店
1977年

肩に小さな翼が生えだした

コピーライター　日暮真三

西武百貨店のシーズンテーマ「飛びたい人の」という広告は、特別にウーマン・リブやフェミニズムを意識してつくった記憶はありません。「飛んでる女」がある種のブームになった時、エリカ・ジョングの著書『飛ぶのが怖い』に影響されてこのコピーは生まれたのか、と取材を受けたことがありますが、そんな覚えもありません。もともと平塚らいてふさんの「原始女性は太陽であった」やイプセンの『人形の家』のノラといった、いわばフェミニズムの古典ともいえる存在に興味があったのです。ぼく自身、あご髭にロングヘアーで、男性も女性もないヒッピー文化にどっぷりつかって時代を過ごしましたから、いつまでも飛び立つことのできない女性たちの置かれた現実をふまえて、ごく自然に出てきたコピーだったと思います。１９６０年代の後半から80年ごろまで原宿のセントラルアパートのプロダクションに出入りしていました。ここによく長沢節さんが創設したセツ・モードセミナーの生徒さんたちが顔を見せていて、その中の岩崎トヨコさん、川村都さん、堀切ミロさんの三人が、あるとき「全ブス連」という団体を立ち上げて活動をはじめたんです。なにしろ自らブスを名乗るくらいですから、決して美人とはいえませんでしたが、一人一人が個性的で、なによりも元気でした。この「全ブス連」の運動は、師匠の長沢節さんのモットー「弱いから、好き」を逆手にとって、ゲリラ的に表現したものだと思います。ウーマン・リブの運動の中でも、意表をつく驚きがありましたね。ジョンとヨーコの「ベッド・イン」パフォーマンスは1969年のことです。もともとはベトナム戦争に抗議しての愛と平和のパフォーマンスだったわけですが、ぼくには男性と女性の対等な関係を具体的に堂々と世に知らしめた、強烈なフェミニズム運動のひとつであったと思えます。こうしたさまざまな時代のムーブメントを背景に、「飛びなさい、飛びなさい」と女性を励ましつつ、したたかに百貨店はモノを売ろうとしていたのです。多くの女性がいまだに翼を奪われたままなのが残念ですが。

エリカ・ジョングの『飛ぶのが怖い』から、進んでいる女性を揶揄して「翔んでる女」という言葉が流行語になっていた。だからこのキャッチフレーズは世の中の動きと一体となってすんなり受け止められた。夫からも家庭からも、世の中の因習からも解放されたい、そんな思いは誰にもあった。日暮さんはエリカ・ジョングよりもイプセンのノラが念頭にあった、ということだったが、飛びたい人は西武にいらっしゃい、解放される気分になるファッションが見つかりますよ、と。この広告で、鬱積した気分の人は西武に吸い寄せられていった。

ファッションリーダーであるデパートが単なる服を売るのではなく、意識を装ったのである。女性が好きなデパートの影響力は大きい。男性に頼らずに生きなければ、と言われれば「そうなりたい」と思う。ファッションで自由になれるならそのような服を買おうという気になる。ファッションはあなた自身の鏡。自分を主張できる服、自分のライフスタイルに合った服、生き方を示せる服を西武に見つけに行こう、ということになる。デパートが女性を感化する力は大きかった。また新聞の大型広告に男性も「大デパートがそういうなら女の時代なのか」「飛びたい女がそんなにいるのか」と、半信半疑ながら女性たちを眺めていた。

死ぬまで女でいたいのです。

パルコ
1975年

この女性はどんな立場の人であろうか。結婚しているのか独身なのか。嫋《たお》やかな顔立ち。衿元や着物の着付けからはそれなりの経験が感じられる。世間は飛んでる女とかキャリア・ウーマンとかいろんな女性像を誉めそやす。私はたとえ結婚して人の妻になっても、誰の所有物にもならないわ、妻になっても幾つになっても美しく「女」であることを捨てない、と自由を宣言している。

この女性はヘンリック・イプセンの『人形の家』の主人公ノラと重なり、まさに和製「ノラ」である。

■キミの心を代弁します 1

ケネディは
好きだったけれど、
ジャックリーヌは嫌いだ。

ラングラー・ジャパン
1974年

この広告は雑誌に掲載されたもので新聞のように広く人々に見られなかったが、これが世に出たときは読者はびっくりした。

まず「嫌いだ」と個人名を出して広告に使うことは過去あり得なかったからである。しかも元大統領夫人の名前である。さも嫌そうに口をひん曲げて。

ジャックリーヌは愛されていただけに、ケネディ大統領暗殺後、ギリシャの富豪とあっさりと結婚してしまったことに人々は裏切られたと感じ、「ケネディ大統領が可哀そう」という思いが誰の胸にもあったのだと思う。それをズバリ言ってのけたのでドッキリしたのだ。

広告は性善説を基本とする。しかし、このように本音をズバリ出す手法もあるのだ、と私などは改めて思ったものである。

この強烈なキャッチフレーズは共感を呼び、後の他社の広告にも大きな影響を与えていった。

1974年から1976年までラングラー・ギャルズは女性の代弁者のごとく、快調にヒットを飛ばした。

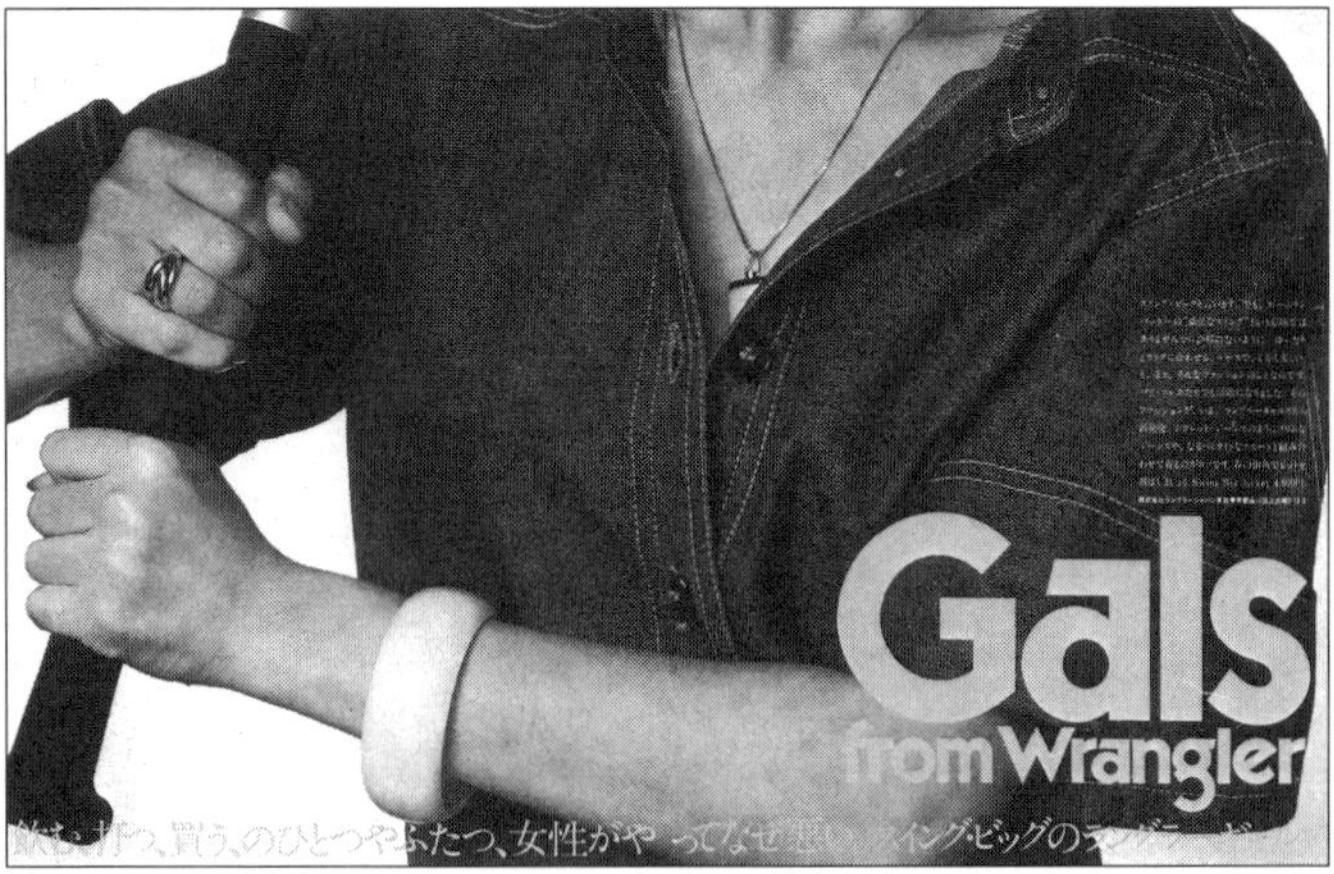

飲む、打つ、買う、のひとつやふたつ、女性がやってなぜ悪い。

ラングラー・ジャパン
1975年

このようなキャッチフレーズでラングラー・ギャルズが登場したのは1974年からで、アメリカのウーマン・リブ運動を察知して巧みにジーンズと女性心理を結びつけた。基本的にジーンズは質素でシンプル、無個性、性別なし。行動的になった女性が闊歩するのにふさわしいウエアである。ジーンズをはき、解放された大人の女性の心理を率直に言葉にしたのである。

当時、リーバイス、ビッグジョンなどのジーンズメーカーがすでにブランドを確立していた。いわば遅れてやってきたジーンズであったが、このインパクトある広告でラングラー・ギャルズはトップブランドの座を獲得した。

■浮かれた女性に苦言の一撃！

女性よ、テレビを消しなさい

角川書店　1975年

女性よ、週刊誌を閉じなさい

角川書店
1975年

女子の高校進学率が79・5％（1969年）となり、男子の進学率を上回るようになった。女子大生も増え、早稲田大学の教授が女子大生亡国論を言うほど校内に女子学生の姿が目立つようになった。銀座ではお洒落をした若い女性のグループが目立ち、既成の秩序にとらわれず、自由な考え方や行動を示す若者として「みゆき族」と呼ばれた。またイギリスの女優であるツイッギーに影響を受けた超ミニスカートの女性たちが街を闊歩し、ディスコではツイストで踊っていた。

戦前戦後は女性誌といえば月刊誌が主だった。1957年創刊の『週刊女性』を皮切りに『女性自身』（1958年）、『週刊明星』（1958年）、『週刊セブンティーン』（1968年）、『an・an』（1970年）、『non-no』（1971年）、『微笑』（1971年）、『woman』（1971年）、『JUNON』（1973年）、『JJ』（1975年）が出版され、女性誌が花盛りとなった。『女性自身』を立ち上げ、後に『微笑』を創刊し、ヒットメーカーといわれた櫻井秀勲編集長は「皇室記事とセックスとマネー、この3つがヒットの3大条件」と言っていた。初刷を掌に載せて重さを測ると売れるか売れないか解る、とも。

週刊誌が続々誕生したわけはそれだけ売れるマーケットがあったからだ。お母さんたちが読んでいた良妻賢母の月刊誌より価格は安く、ウィークリーにゴシップが手軽な値段で買えるのだから若い女性たちは飛びついた。

折から白黒テレビの普及率は1968年に96・4％となり、全民放がカラー化（同年）。歌謡界は藤圭子、ちあきなおみ、山本リンダ、花の中三トリオ（森昌子・山口百恵・桜田淳子）など女性上位時代。ゴシップには事欠かなかった。

こんな風潮に角川文庫は女性にビシッと平手打ちを食らわした。ファッションに溺れてばかりいたんじゃだめよ、もっと内面を磨かなくっちゃ駄目じゃないか、と。

電車の中吊り広告にサラリーマンも女性もアッと衝撃を受けた。そうだ、そうだ、そうなんだよねと社会は肯いた。アートディレクターである石岡瑛子さんのディレクションも衝撃だった。モデルは身体をかくすかのように黒いマントをはおっているだけ。カメラはブラしている。石岡さんは常にアンチテーゼを突きつける姿勢の人だった。

角川文庫の主張はちょっといい気になった女性たちに強烈なパンチとなった。

通俗的なＴＶ番組に現をぬかし、ファッション雑誌に夢中になってお洒落ばかりにこだわっている女性にはいい薬になった。

石岡さんはパルコでも同様の主張を展開していた。ファッションに通じているだけに表面だけ飾っていてもダメなのよ、中身を磨かなければ、と若い女性たちに言いたかったのだ。一流のモデルはそれなりに自分をしっかり持っているんだよ、と。

モデルだって
顔だけじゃダメなんだ。

パルコ
1975年

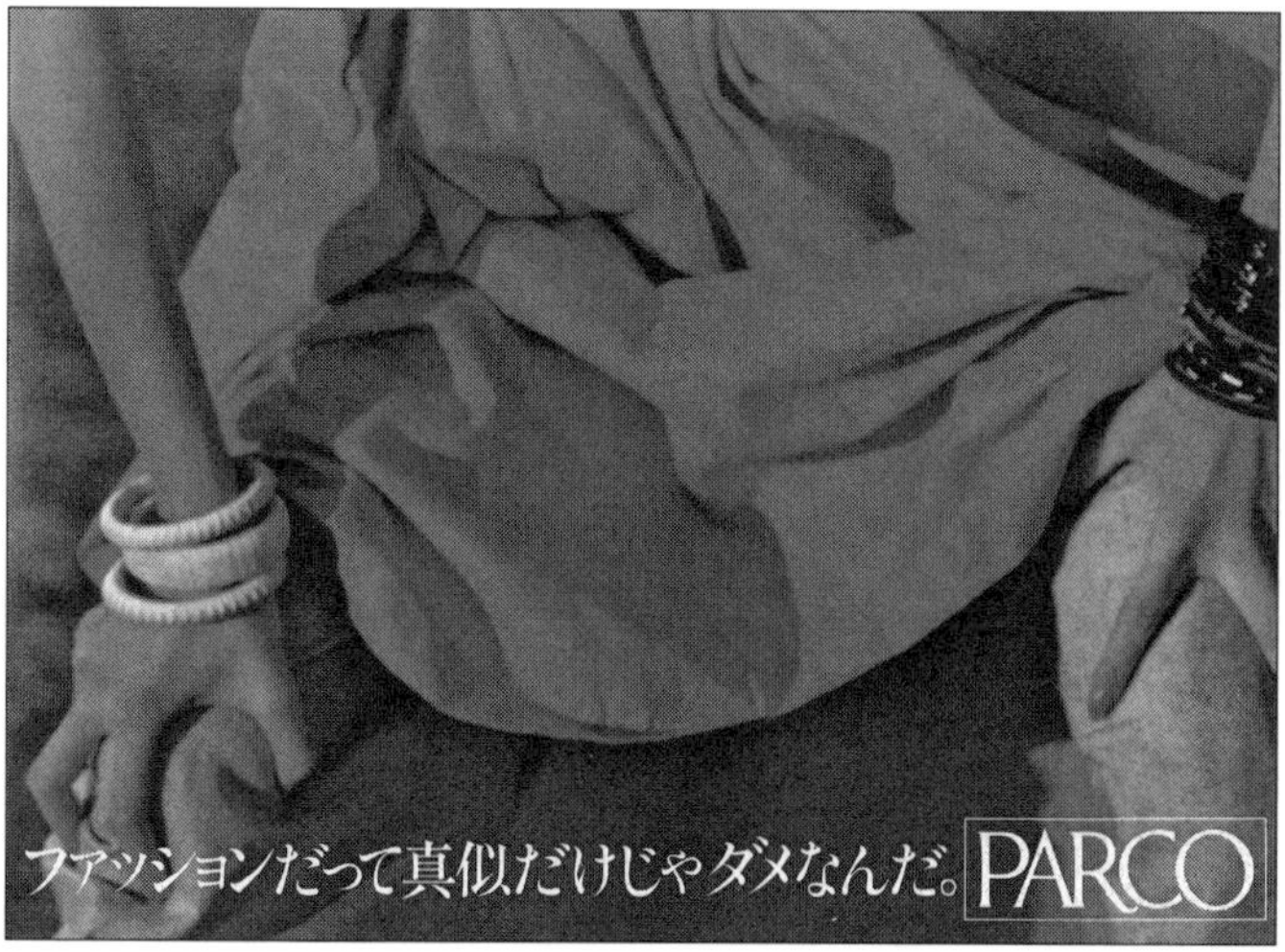

ファッションだって
真似だけじゃダメなんだ。

パルコ
1975年

なぜ年齢をきくの

伊勢丹
1975年

すぐ、女性の年齢をききたがる人が多いけれど。女性の生き方とか、美しさとか、それを、トシという額縁のなかで見たがる人に抗議したいなあ。服装も、家具も、食器も、すべてに言えるのですが、私たちの暮しにもう年齢の枠はないんだ、ということ。ソニア・リキエルも言っていますね。『女の服に年齢はない』って。その通りです。この言葉に、拍手。（広告より一部抜粋）

1975年に国際婦人年世界会議がメキシコで開かれ、未婚を示すミス（Miss.）、既婚を示すミセス（Mrs.）に変わる言葉として「ミズ（Ms.）」という呼称が公式に認められるようになった。以後アメリカでは会合や各種書類などにMs.という文字が印刷されているのが目に付くようになった。日本では未だにこのような配慮はない。マスコミの記事は必ず括弧内に年齢が書かれる。

この広告コピーの制作者は土屋耕一さん。伊勢丹の広告を通してウーマン・リブを応援してくれたフェミニスト。女性にとっての大恩人である。年齢問題は常に議論されてきた。どうして新聞や雑誌は必ず括弧付きで年齢を書くのか、欧米のマスコミは書かない、と。広告がズバリ女の不満ごとをキャッチフレーズにしたのだからショッキングであった。注目度抜群である。

土屋さんに制作意図を直接お聞きすることができなかったのが残念である。コピーライターとしての鋭敏な感覚で、職業的にフェミニストになったのではないと思う（インタビューしたら、たぶん照れて目をぎょろっとさせてモゾモゾ。〝だってそうでしょ〟とだけだろう。そんなお人柄だった）。

新聞という大スペースで発信されたこれらの広告は女性からは拍手喝采、男性たちは正面切っては言わないが心の中では、デパートは女性相手だからね、おだてているのさ、とタカをくくって見ていたのではなかったか。

しかし大新聞の大スペースの影響力は大きい。社会の良識が風の流れを変えていく。

生年月日を捨てましょう。

宝島社（企業広告）
2003年

小学校、中学、高校、大学と男子と机を並べてまったく同等に扱われていたのに、社会に出たとたん、明らかに差別があることに初めて気がつく。初任給の差、昇給の違い、未婚か既婚か聞かれる（男性には聞かない）など。そして年齢を聞かれる。能力と年齢は関係ないのに（男性では関係ない）など、不条理なことがたくさんあることに気がつく。

伊勢丹の新聞広告が出た１９７５年から、28年たっての広告である。四半世紀以上たっても年齢へのこだわりは変わっていないのだ。

美輪明宏さんは言った。

「そろそろ、『年齢』に縛られない世の中へ」しようじゃありませんか、と。ついでに性別もこだわらない世の中にしようということでもあった。２０００年代のこの広告は、男性と女性の両方をよく知る美輪さんならではの説得力ある呼びかけだった。

キャリア・ウーマンに
あたる
日本語って、
なんでしょう。

伊勢丹
1979年

1970年代は記念すべき年代であった。1969年に女子の進学率（79・5％）が、男子の進学率（79・2％）を超えた（高等学校進学率）。以後超えたまま推移していく。そして彼女たちの意欲は更に上を目指して短大・大学へとつながっていった。教養を高めた女子学生は女性会社員として社会に出ていく。

彼女たちは「BG」と呼ばれた。「Business Girl」の略称だった。誰が作った造語かわからない。BGには男性社員の部下、アシスタント的ニュアンスがある。今では死語になったが当時は〝私、大手町でBGしているの〟とか〝ウチのBGを使いに出します〟などと使っていた。

ところがBGは英語では「Bar Girl」の略で売春婦ととられるという話があり、BGに代わるいい言葉はないか、と週刊誌『女性自身』がBGの代替案を公募した。

男性社員はどうしてBB、ビジネス・ボーイと言わないのか。大卒女子は大卒男子と対等のはずだからBGと呼ばれたくないと思っている。

女性社員は、大正時代には「職業婦人」と言われていた。戦後BGというようになったのだ。

公募の結果、約3万通の応募があり「オフィス・レディ」が4千256票で1位となりOLという代替語が出来上がった、というのが定説である。いや、定説であったというべきか。実際は、1位はOG（オフィス・ガール）だったという。編集長の櫻井秀勲さんが「ガールでは職場の女の子。オフィス・レディの方がいい」と操作してこちらを1位にしたと後に明かしている。

一女性誌のアンケート結果がいつの間にか一般用語としてマスコミを通じて浸透、定着したのは凄いことだ。

ＯＬもまたきれいな響きだが、ＢＧ同様、補助的な業務に携わる女性全般をさす。責任ある意味合いは感じられない。専門知識や技術を持って働いている人は、ＯＬとは呼ばれたくないと思っていた。

実績を上げ長期間働く覚悟を持っているサラリーウーマンはＯＬとは呼ばれたくなかった。いつの頃からかキャリア・ウーマンと言われるようになった。新しい女性社員の新人類出現。職業婦人でもなく、飛んでる女でもない。男性に混じって働き、骨太に生きているけれど女性らしい優しい微笑を持っている。そしてちょっとセクシー。

伊勢丹の広告では、「働く女性は今、ＢＧからＯＬ、そしてキャリア・ウーマンへと進化しているんですよ」と、こういう女性が増えてきていることを伝えている。

英和辞典を引くまでもないが、「そういえばなんと言ったらいいのだろうか」と注意喚起させ、女性に新しい生き方を、カルバン・クライン使って提示している。

女の記録は、
やがて、男を
抜くかもしれない。

伊勢丹
1980年

「男と女は体力的にも対等なんだということが次々と実証されてきました。1980年は男と女が肩を並べる、あたらしいパートナーシップの年」となると宣言した、1980年の伊勢丹の正月である。

1975年、田部井淳子さんが世界最高峰エベレストで世界初の女性登山に成功。

1977年、樋口久子さんが全米女子プロゴルフ選手権で優勝。男性でさえ達成が難しい世界大会での優勝。

1979年、国際陸上競技連盟（国際陸連）公認の初の第1回東京国際女子マラソンが開催。男性の領域に女性が名乗りを上げ出したことがこの広告の企画を着想した根底にある。

マラソンの歴史はオリンピックの起源に遡るが、走るのは男性のみであった。42・195キロのマラソンは女性には体力的に無理、と長いこと考えられていた。男性たちの間違った思いやりか、市民マラソンとして女性が参加することができるのはハーフ・マラソンやクオーター・マラソンといった距離が短いものだけであった。しかしフル・マラソンに非公式ながら挑戦する女性たちが登場してきたため、1972年、ボストンマラソン大会で女性の参加を認めることになった。

それから7年後に開催されたのが、第1回東京国際女子マラソンだった。

この時の優勝者はイギリスのジョイス・スミス、2時間37分48秒。日本の村本みのるさんが7位で

2時間48分52秒だった。村本さんは36歳で走り始めてこの記録を出した市民ランナーということで話題をさらった。

女性には無理とされていた42・195キロを完走したこの大会の記録は、国際陸連公認の初の女子マラソンとして世界中に発信され、女性の潜在能力を世界に認識させた。

東京国際女子マラソンから5年後、女子マラソンはロサンゼルスオリンピック（1984年）から正式種目に認められるようになり、マラソンランナーにプロ選手が名乗りを上げ、数々の記録を更新していくことになったのである。男性の記録には及ばずとも女性でもやればできるということを証明した東京国際女子マラソンは意義あるイベントであった。

「やがて、男を抜くかもしれない」というフレーズは実に感慨深い。「――かもしれない」という控えめな表現には、心の中の静かな驚きと感嘆の呟きを見事に表現している。

観戦した人たちは、彼女たちの力強いストライドに男性と変わらないじゃないか、と思ったに違いないし、男性たちは「ほほう、やるじゃないか、男性も危ないよ、うかうかしていられないよ」と思ったのではないか。

東京国際女子マラソンは驚異と同時に期待感を世界に発信した。女性上位時代の始まりを予感させるニュースであった。女性が本来持っている潜在能力を抑圧していたという過去は、いったい何だったのだろうかと思わずにいられない。

■鏡の中の自分を見つめなさい

ファッションに溺れるな。

西武百貨店
1977年

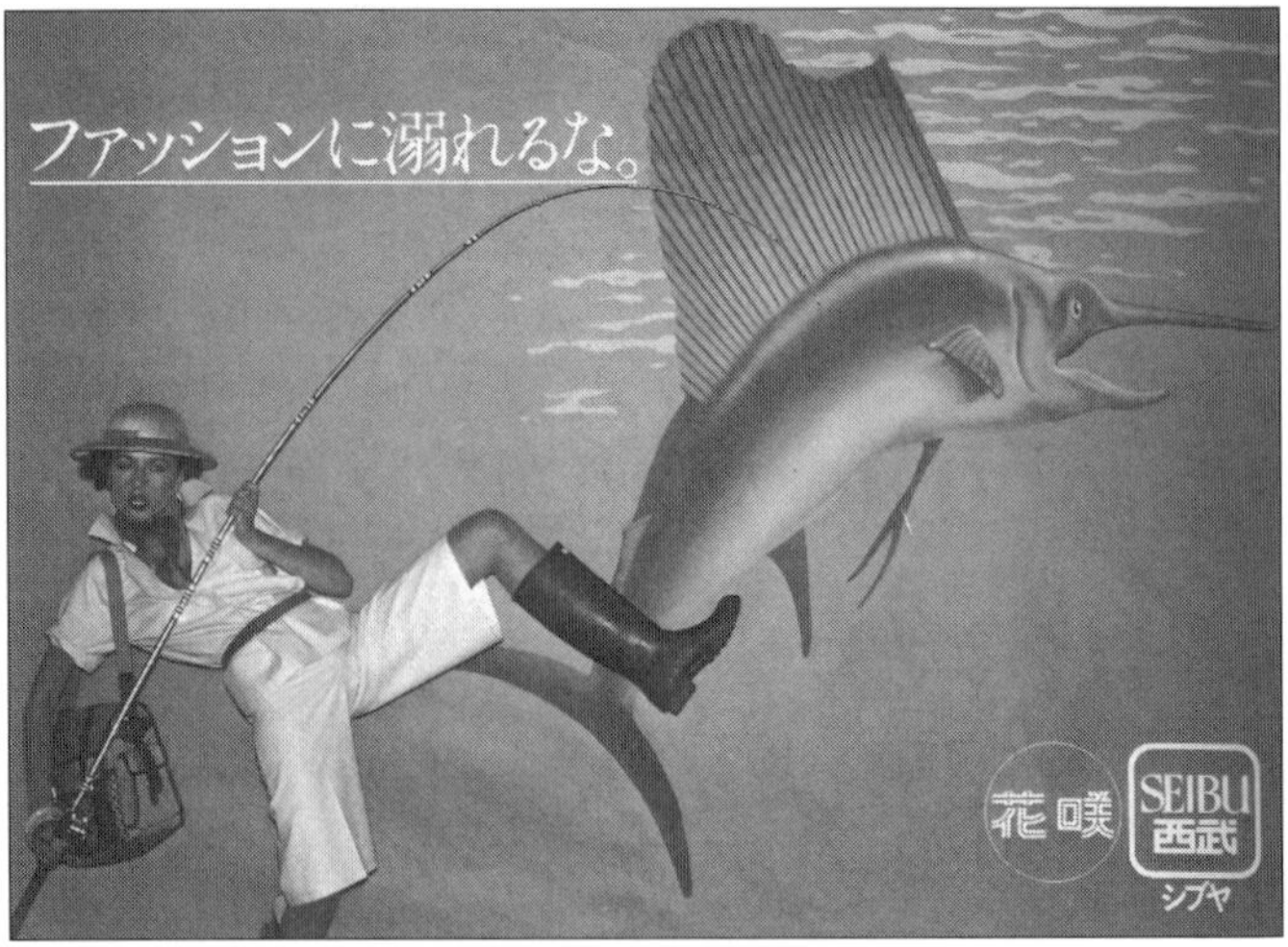

『an・an』『non-no』『WOMAN』『微笑』『JUNON』『JJ』『MORE』『クロワッサン』『素敵な女性』『with』など、ファッション情報誌、生活情報誌は身の周りにあふれていた。当時のパリ・コレクションは三宅一生さんや高田賢三さん、森英恵さん、コシノジュンコさんなどのファッションデザイナーを輩出し、彼らは世界的な評価を受け始めていた。海外ブランドも日本に続々進出し、手を伸ばせば買えそうなファッションが花盛りの東京だった。新宿に「プリンスプロムナード・ペペ（現・西武新宿ぺぺ）」がオープン（1977年）し、手頃な価格でファッショナブルなブティックが軒を並べた。若い女性はファッション・センスを磨くのが人生の目標とさえ言えそうな風潮だったのである。

百花繚乱のブランドの中で溺れないで、あなたの個性を発揮できる「花咲」で選んでね、という狙い。「溺れるな」は流行ばかりでなく、自主性への戒めの意味をかぶせている。「花咲」と西武のタイアップ広告。

酸っぱいこと、したい。

カゴメ
1980年

苦い経験は嫌だけれど、酸っぱいくらいならちょっぴりいいかも。甘い夢ばかり追いかけている女性にアテンションを。

「酸っぱいこと」のこととは意味深である。女性は冒険はしたくないけれどちょっぴりならやってみたい、という好奇心がある。そんな性癖を掴んでのキャッチフレーズ。

アヲハタ・ママレードの広告に「苦い朝もある。」（１９７６年）というのがあった。ジャムといえば甘いものと決まっているのに、あえて「苦い朝」と言って注意を引きつけた。

女性が社会に出て働き出すと、このような人生経験的な言葉が印象的だった。

結婚ばかり夢みていたら、人なんて愛せない。

スカイル１番街
１９７７年

女性は心のどこかに、私が着るならこんなウエディングドレスにしたい、と思っている。それは小さい時からの夢で、レースたっぷりのドレスに長い裾をひいて、などと乙女チックなイラストを描いたりする。少女漫画にも素敵なドレスが描かれたりしていると惹きつけられる。ファッションショーのラストステージは必ずウエディングドレスで締めくくられるように、女性にとってウエディングドレスは憧れのドレスなのだ。私の友人でウエディングドレスを着たいがために結婚したいと思っている女性がいる。人を愛しているよりもドレスを愛している。

夢見る夢子さんのようなところが女性にはある。だから、結婚しても「さようなら」ということが起こる。男性が考える結婚と女性が考える結婚は、はなから違うのだ。

「結婚ばかり夢みていたら、人なんて愛せない。」というキャッチフレーズは女の性癖をうまくとらえて戒めている広告である。

実存主義者のボーヴォワールのように対等の人間としての二人の生活、という契約結婚はなかなか難しいが、お互いに愛し、尊敬があって成り立っていたのだと思う。

トルストイの名言に「急いで結婚する必要はない。結婚は果物と違っていくら遅くても季節はずれになることはない」というのがある。急いじゃダメだよ、と。

ウエディングドレスの夢ばかり見ないで、たくさんの人と会ってから愛する人を見つけること。そうしたらスカイル1番街にいらっしゃいという広告。

均等法前夜　地盤変化を皮膚感覚で感じ出した80年代初頭

「国連婦人の10年」（1976－1985年）では、1980年に中間期世界会議がコペンハーゲンで開催された。日本からも大勢の活動家や学者・政府関係者が参加してその報告が新聞・雑誌に掲載され、世界における日本女性の立場と各国との比較などを知り、世界中が女性の地位向上に連携していこうという機運になった。

同年、高橋展子さんが遅まきながら日本で初めての女性大使としてデンマークに赴任された。その2年前、1978年には第1回婦人白書『婦人の現状と施策』が発表されていた。また男女別定年制は無効である、という判決も最高裁から出た（1981年）。

家庭的マンガの「サザエさん」にも男女同権問題がテーマとなってきていた。年齢を重ねると男女に能力差が出てくるか否か、と磯野家の男性陣とフネとサザエが対立している。専業主婦の二人でさえ「男のへんけんだワ」と抗議している。

『サザエさんをさがして』より（1973年3月25日朝日新聞朝刊）

男女同一待遇

デニーズ
1980年

これは創刊されたばかりの『とらばーゆ』に掲載されたデニーズの広告である。１９８０年のことであるから、これは画期的なことであった。男女の賃金格差があるのは当たり前、昇格に差がつくのも当然という時代だった。だから「男女同一待遇」というキャッチフレーズが効果的と考えられた。つまり世間ではどこの会社も「男女格差賃金待遇」だったわけである。誰も不思議に思わなかった。女性は諦めていた。

昔からそうだから仕方がない、というのが大方の思いだった。

この頃、男女雇用機会均等法が新聞紙上に登場するようになったことも、このキャッチフレーズの採用の背景にあったかも知れない。しかし、この広告が法案よりも先にあったということは、デニーズは開かれた会社なのだ。広告の売り言葉ではないのだから素晴らしいことだ。

実際に能力を買われて店長となった女性の満足感がボディコピーに語られている。デニーズはやる気がある人なら性別に関係なく採用し、昇格の機会がある、と証明した広告である。

■ウーマン・リブは化粧品広告の表情にも影響した

新聞や雑誌では1980年の国際婦人年を意識した記事が多くなっていた。

化粧品業界では商品イメージ作りに大女優やモデルを使って好感度を高める戦略をとる。しかし、カネボウは海外の女性動向を見ていると従来路線では消費者の心を掴めない、新機軸を打ち出さねば、と考えていた。

単にスタイルと美貌だけではなく手本となるようなバックボーンを持った女性像を求めていると、ニュースから感じていた。

当時ニューヨークのブロードウェイで、ミュージカル『エビータ』が上演され、世界的な話題となっていた。

アルゼンチン大統領ホアン・ペロンの妻、エビータ（エバ・ペロン）の出世物語である。

アルゼンチンの田舎で生まれた貧しい少女がタンゴ・ダンサーになり、次々と男性を足掛かりにチャンスを掴み、陸軍軍人だったペロンと出会う。サンファン大地震の救済コンサートで意気投合した二人は、その後労働者の味方として市民の支持を集める。ペロンがクーデターで拘束されるとエバはラジオや演説を通じて釈放を訴え、人気を得た。ペロンが大統領に就任すると26歳にしてアルゼンチンのファーストレディとなるが、病を患い33歳で亡くなってしまう、といった激しく美しく生きた若い女性のストーリーである。

実在の大統領の名を冠し、また貧しかった少女がファーストレディとなり貧困対策など政治を動かし、そして挫折というノンフィクションに近い筋書は、大衆の興味をそそった。また女性がリーダーシップをとっていく様は、これからは力強く自分で人生を切り開いていく女性の時代が来る、という暗示めいたものがあった。

カネボウの宣伝部はこの機微を察知し、ミュージカルとタイアップ。「エビータ」名の化粧品の商品ラインを発売した。

「日本にエビータよ、誕生せよ」と、1980年代のカネボウのイメージキャラクターを一般女性から募集するキャンペーン企画を実施した。

論文審査、面接で教養を計った。従来のにっこり美人ではもう消費者の心を掴めない。エビータのように前向きにチャレンジするような意志のある女性が欲しかった。

日本の女性の学歴は世界でも高くなっていた。大学・短大への進学率は女性33・3%(1980年)、つまり3人に1人は知識も情報も判断力もある、一家言を持った消費者に育ってきていたのである。

モデルの役割が企業側の代弁者ではなく、消費者側の顔になるのは必然だった。特別の美女ではなく身の回りにいる知的美人。

当然ながら事前募集広告、審査過程の報道、発表など、こうした一連の流れは、カネボウの女性に対する姿勢の格好のキャンペーンにもなった。

ちなみに『エビータ』は後にマドンナ主演で映画化され（１９９６年）、アカデミー賞の主題歌賞を獲得、マドンナが歌う「アルゼンチンよ泣かないで」はヒットした。また日本でも劇団四季がミュージカルとして上演したほど評判になった。

化粧品業界は毎春、毎夏、毎秋とシーズン明けに一斉にキャンペーンをスタートさせる。マスコミ四媒体（新聞、雑誌、テレビ、ラジオ）、セールスプロモーションを総動員して主力商品の広告を展開するのが恒例行事になっていた。映像ばかりでなく音楽も重要で、ヒットチャートに上る音楽を使ったＣＭも多かった。そのイメージの中核になるのがモデルだから重要である。売り上げに貢献するタレント性が要求される。

カネボウは既存の美人なモデルではなく、広く一般から21世紀型知的美人を発掘してモデルにしようとしたのだから、大きなチャレンジであった。

一方、資生堂はいくつかあるブランドの中で「インウイ」にフェミニズムを匂わせる役割をさせていた。「美しく立っていることができますか」というコピーは、もちろんダンスではなく男性に支えられず精神的に立つことができるかを問う広告。「彼女が美しいのではない。彼女の生き方が美しいのだ」は、人の美醜は顔ではない、生き方が問題なのだということを言い、「女性の美しさは都市の一部分です」は、「都市」という近代化を想像させる言葉で、先端を行くファッション。進歩的な考え方の女性が存在していることを暗示している。そういう女性がいるから都市は美しいのだ、と。

化粧品ブランド「インウイ」は、1979年から女性の自立をテーマに展開された。

インウイのモデルは他の資生堂化粧品のイメージとは全く異なり、冷たいくらいクールな横顔を見せる。笑顔は決して見せない。いかにも怜悧な頭脳を持ち、センスよく美しい。この女性はもうしっかりと自分のアイデンティティを確立しているのだろう。男性に寄りかからず、自己管理ができ、都会で男性に伍して働く基盤を持つキャリア・ウーマンのようだ。

インウイのコンセプトはそういう女性なのですよ、このコンセプトに共鳴した人はTOKYOの一部を構成しているのと同じなのだから、しっかり自分の足で立とうね、ということを表していた。キャリア志向に目覚めたターゲットを資生堂は意識したのである。

女性の美しさは
都市の一部分です。

資生堂
1980年

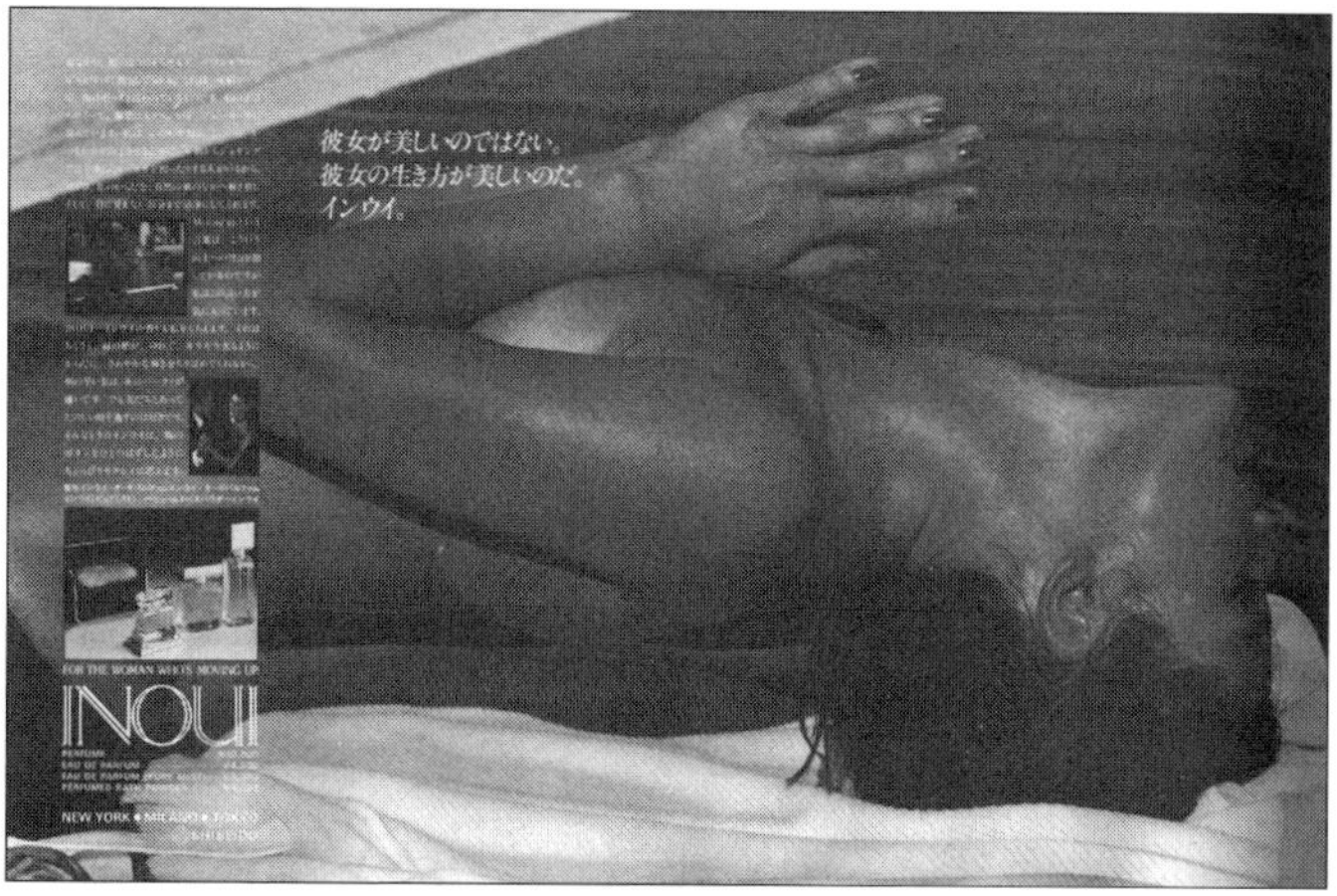

彼女が美しいのではない。彼女の生き方が美しいのだ。

資生堂
1977年

しっかり働き
たっぷり恋を！

エクスタシーのある
人生にしたい

コスモポリタン
1982年

女という「美しい性」に生まれたのだから、そのメリットを楽しんでもいいじゃないのかしら。バストが大きいからって仕事に邪魔にはならない。能力があるからって美しさは障害じゃない。（広告より一部抜粋）

ウーマン・リブのアメリカでは、女性のキャリアと結婚、妊娠、子育ての課題をどう解決しているだろうか。仕事はしたい、しかし出産したら仕事は続けられなくなる。仕事を取るか、子供を産むかの二者択一を迫られる現実に、男女同権はいいけれど悩んでしまう。社会参加はできたけれど男性に伍して働くのは大変難しい。ウーマン・リブ先進国ではどうしているのか。そういった情報源として、特に『コスモポリタン』は働く女性に受け入れられた。

米国の雑誌『コスモポリタン』は、世界140か国で発売されていたワールドワイドに読まれている月刊誌。その日本版が創刊されるということで期待が集まった。ニューヨーカーは結婚と仕事をどうやって両立させているのか、ミュージカルは何が流行っているのか、どんなレストランが人気か、などニューヨークの情報満載だった。ウーマン・リブの影響で、はつらつとしていたニューヨーカーの生活情報は新鮮だった。日本のように結婚したら辞めるとか、子供を産まないとか、そんなことで悩むニューヨーカーはいなかった。仕事もキャリアも結婚も両手にしたっていいじゃない、もっと欲張って生きなさい、というメッセージが託されていた。

味の素ゼネラルフーヅ（AGF）はインスタントコーヒーの広告で「女は、ナヤンデルタール。」と言った。結婚か仕事をとるか、と悩んでいる女性が多かったことを察知していたからである。コーヒーを飲みながらよく考えようよ、ということを言いたかったのだろう。

■世界の女性たちは仕事も結婚も立派に両立していますよ

陽気な市電です
ワン・ウーマン・カー

ヤクルト
1974年

なんと市電の運転手さんが女性。たくましいお母さんである。やればできるという手本である。女性に運転、まして公共の交通網の運転手は無理、というのは男性の勝手な思い込みだというその証明書。日本で女性のタクシー・ドライバーが採用されるようになったのは最近になってからである。

2014年10月、広島県の福山通運は、トラック運転手として今後約5年で運転手の1割を女性にする方針を発表した。現在80人ほどいる女性運転手を17倍までに急増させるという。「トラック野郎」という言葉が消える日はいつなのだろうか。子育て中の主婦も働きやすいよう、短時間勤務や託児所の併設も進めるという。

この広告の市電の運転手はどのような環境で仕事を続けていたのだろうか。

1986年、田崎真珠は「主婦が副大統領を目指した日」という広告を掲載した。世界一過酷な職業と言われる米国大統領選で1984年、民主党から副大統領候補に選ばれたジェラルディン・フェラーロは、三人の子供のママ。残念ながら民主党は負けて、初の女性副大統領は実現はしなかったが2年間にわたる全国遊説、スキャンダル合戦に果敢に挑んでいた。並みの体力と精神力ではとても受けて立てるものではない。まして育ち盛りの子供を三人も抱えた選挙運動中に、田崎真珠フォーラムに来日したのだった。毅然とした中にもいつも真珠のネックレスとイヤリングをしていて女性らしさを保っていた。

講演会では、「家庭があり、夫がいて、子供を教育しているからこそ、政治がわかる。国家の姿を改革できる」という強いメッセージを日本の女性に語った。結婚を取るか仕事を続けるか悩んでいる女性たちに、「もっと前向きに立ち向かえば何事も解決できる」と勇気を与えた。「自分は特別な女性ではなく普通の主婦で、信念があるからこそ副大統領候補になったのだ」と。

アメリカには立派に両立させている主婦がいるのよ、という実証広告を私は制作したが、お見せできないのは残念である。その後、米国ではヒラリー・クリントンが大統領候補に出馬し、またサラ・ペイリンが共和党から副大統領候補になるなど、政治の舞台で力を発揮している。

1980年は働きたい主婦にとって福音の年だった。女性ならではの仕事情報をオープンに手に入れられるようになったからだ。

　リクルートが発行する雑誌『とらばーゆ』は、『婦人白書』を見事にマーケティングしていた。

　就職情報誌ではあっても、白書から働く意欲を持つ女性層が潜在していることを読み取ったのだ。専業主婦でもパートに出たい、パートに出ることが恥ずかしくない、そんな空気を白書は示していた。ワーキングと言わずに「とらばーゆ」とフランス語にしたところがお洒落っぽく聞こえ、『an・an』、『non-no』の代わりに、『とらばーゆ』を丸めて小脇に挟んでもカッコよく見えた。

　働きたくても情報がなかった専業主婦には朗報であった。労働省がパート専用職安「パートバンク」を『とらばーゆ』の創刊から1年遅れで設置（1981年）したことを考えるとリクルートの先見性に感服する。

　1980年代初頭はこのように女性に好意的な環境で始まった。

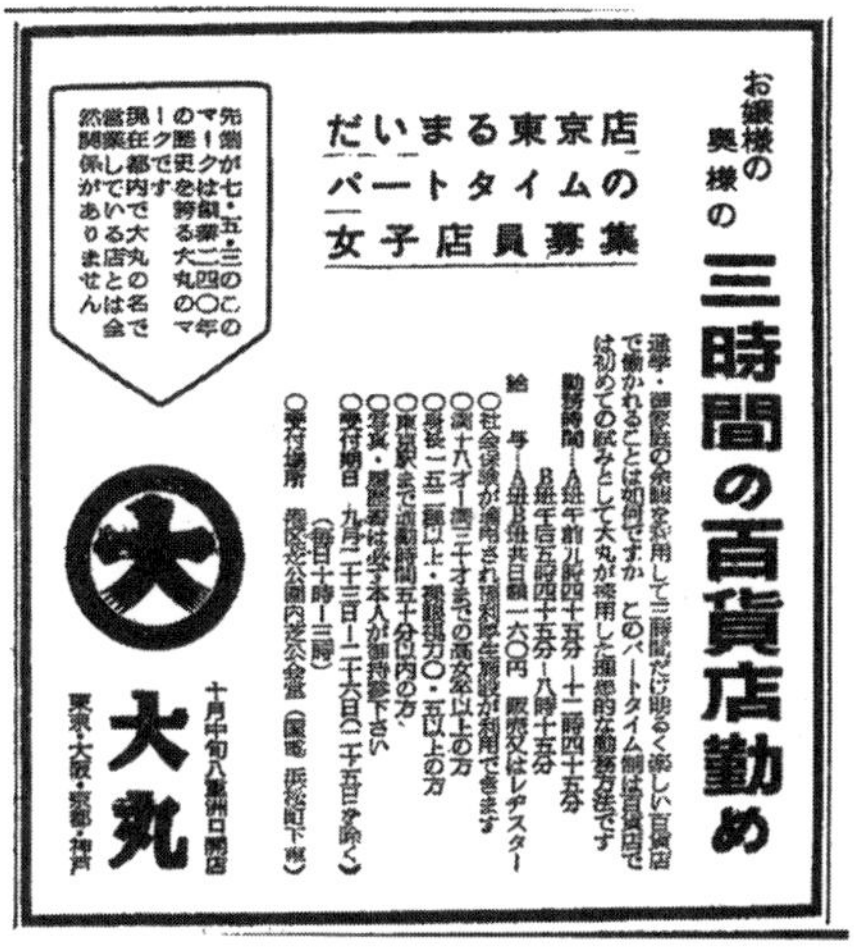

「パートタイム」という言葉は、起源は明らかではないが、この言葉が広まるきっかけは、1954年9月、大丸が新聞に載せた広告だったと言われている（2015年8月23日読売新聞より一部修正抜粋）

■男を誘惑するぐらいになりたいね

夏ダカラ、
コウナッタ。

資生堂
1982年

金箔のビキニをつけ真正面に股を開いている褐色の美女。こちらを射るように見つめている。裸になって、股を開いて写真を撮られて何が悪いの、と言いたげに。

「コウナッタ。」とはまた人を食ったキャッチフレーズではないか。

資生堂の化粧品の上品なイメージを逸脱した広告にぎょっとした。電車の中吊りにぶら下がった広告を見て、男性たちは目の保養と喜んだだろう。

対のもう1枚の広告はボディビルダーポーズのモデルである。資生堂のサンオイルは代々話題作が多いがこのような大胆な構図はこれまでなかった。

以前、女優の前田美波里さんを登場させた石岡瑛子さん制作のポスターが、当時その大胆なデザインで話題となったが、これと比べればなんと大人しく上品なことか。

パルコの広告「裸を見るな、裸になれ」は1975年だったが、5年経って恥ずかしさはもうない。裸に「コウナッタ。」のである。

この広告に刺激されたわけでもないだろうが、女性が「コウナッタ。」と堂々と見えを切る場面が公認されたような気がする。

■国際婦人年、私たちの発言も聞いてください

Ms.ニッポン

資生堂
1983年

１９８０年の国連婦人の10年中間期世界会議で採用された「ミズ（Ms.）」という表記を資生堂も採用します、という意思表明。広告には、「いい女はいい女、ミス・ミセスの区別はいりません、だからミズ」と書かれている。新聞１ページに、笑顔いっぱいの広告は女性にとってうれしい宣言だった。世間にとっても、あの資生堂が既婚か未婚かなどと区別しないというのだから正しいのだろう、と思わせる迫力があった。男女雇用機会均等法は１９８０年代初頭から労働省で法案が練られ、いつ国会に提出されるか、そういう雰囲気に満ちていた。女性市場がターゲットの資生堂は世の中の動きに最も敏感であった。１９８４年には国会で審議され、マスコミでは法案がいつ通るか、施行はいつになるのか、といった憶測記事で占められていた。大手企業にとっては黒船の来航みたいなものだったに違いない。第一、組織の編成にも関わってくる。女房とホステスしか知らない経営者が、大学卒の女性をどう扱っていいかわからないのだ。女性用のトイレがわが社にはない、といった経営者もいた。大学を出ても、女性には就職先はほとんどなかった。私の頃は公務員、スチュワーデス、アナウンサーぐらいだった。一般企業の採用試験を受ける資格は短大卒に限定されていた。つまり男性社員の補助作業要員としてしか採用していなかった。

その習慣を変え、女性を男性とまったく対等に採用しろという制度変更だから、企業側にとっては開港を求めてやって来たペリーの黒船と同じようなものだったのではないだろうか。まさに企業の明治維新、文明開化である。企業は四大卒女性の扱い方に戸惑っていた。

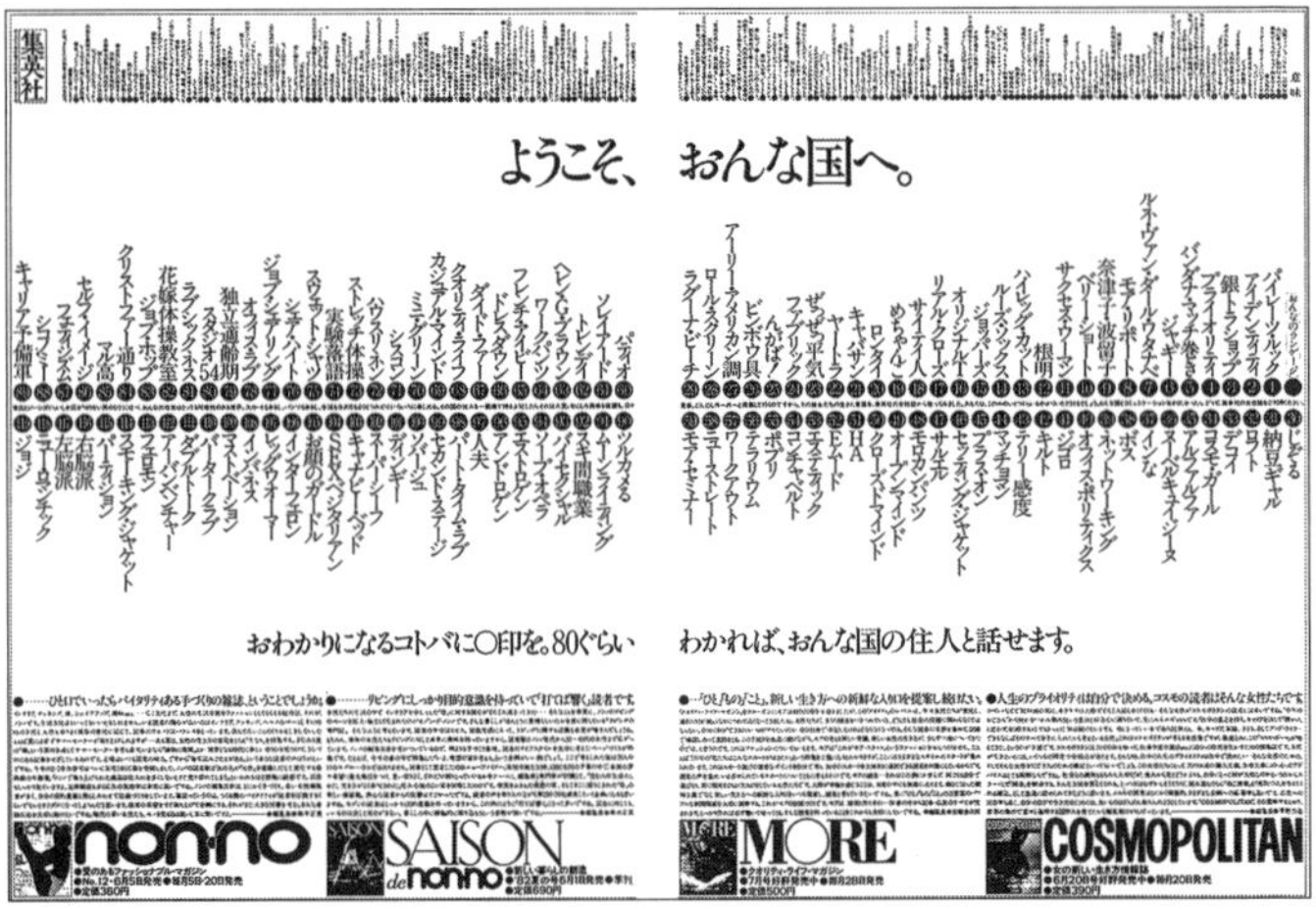

ようこそ、おんな国へ。

集英社
1982年

「おわかりになるコトバに○印を。80ぐらいわかれば、おんな国の住人と話せます」

これは集英社の女性誌4誌が日経新聞に出した広告。女性が入ってきたらどう扱っていいかわからないとぼやいている幹部おじ様たちへ、どれだけ女性のことがわかっているかの自己判定を迫ったものである。夜の世界のお付き合いで女性のことはわかっているさ、と威張っているおじ様たちは、ぴちぴちの女性の前に出ると意外とウブになる。会話が成立しなくなるようだった。そんな世相狙いの広告だった。

若い女性たちの話し言葉を知らないと女性社員を使えませんよ、知りたければ集英社の女性誌を読んでみてくださぃ、と。日経新聞に女性誌の広告を出しても無駄じゃないかと思うが、実は広告集めの狙いもある。日頃経済誌しか読んでいない偉い方々に、「女性向けに広告を打つなら集英社がある」というインプット狙いだ。ちなみに80問わかるおじ様たちは身の回りにいなかった。くだらんね、という顔をするか、さあ娘に聞いてみるか、とか、今夜のホステスへの話の種ができた、とそんな反応だった。

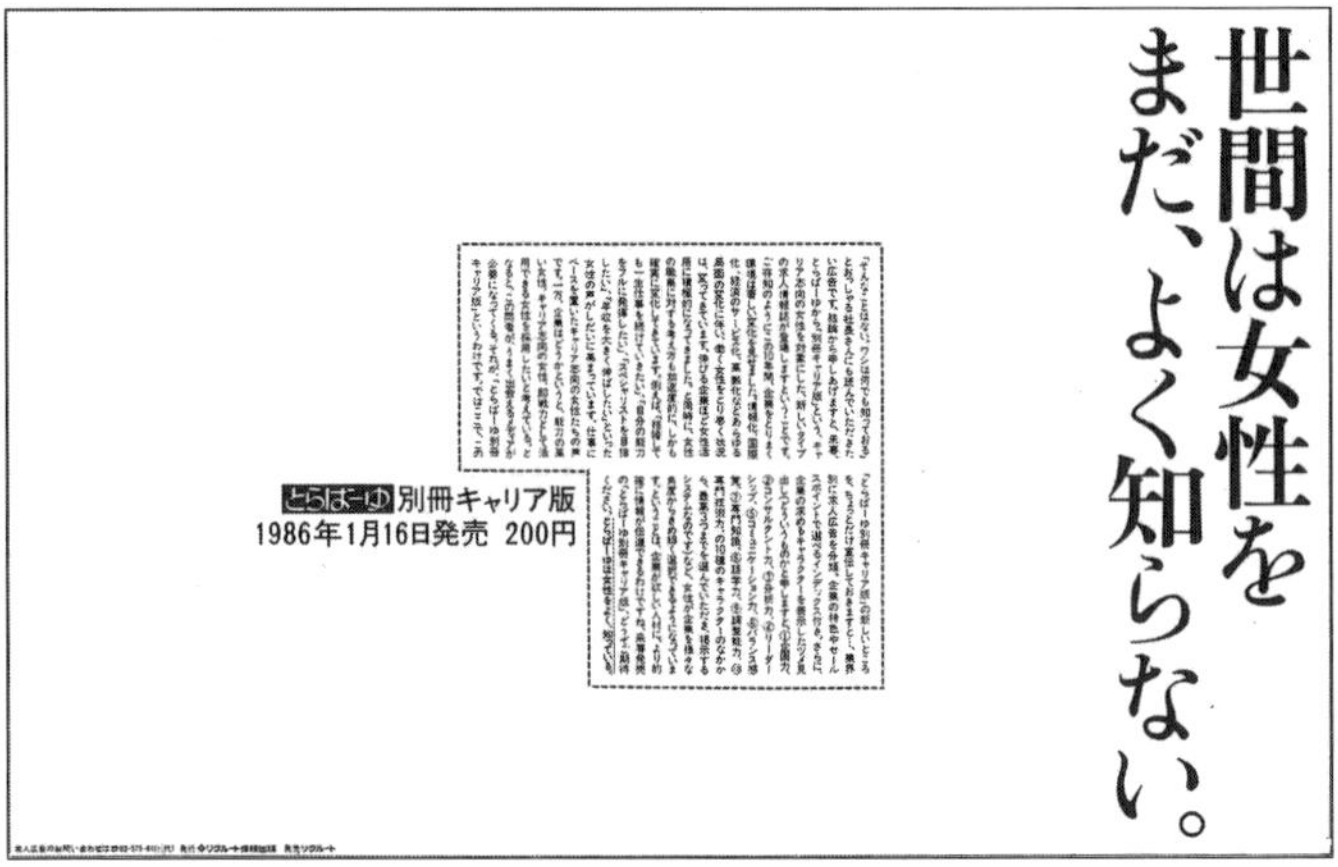

世間は女性をまだ、よく知らない。

リクルート
1985年

「そんなことはない。ワシは何でも知っておる」とおっしゃる社長さんにも読んでいただきたい広告です。結論から申しあげますと、来春、とらばーゆから「別冊キャリア版」という、キャリア志向の女性を対象にした、新しいタイプの求人情報誌が登場しますということです。（広告より一部抜粋）

前述の集英社による日経新聞の女性誌4誌の広告の4年後も、世間は女性をまだよく知らなかった。

「女性のことは何でも知っているという社長さんにキャリアを積みたい女性たちのことをもっとよく知っていただければ業績向上に役立つ。この別冊を読んでください」という内容。

世間は男性半分。男性説得にはなかなか骨が折れるものだ。教育には時間がかかる。

男女雇用機会均等法成立前夜の1984年、男性主体の広告界に女性中心の広告会社「電通EYE」が設立された。その背景にはいくつかの要因があった。

一つは大量生産・大量消費の終焉が近づいていたことだ。技術革新が進み製品に格差が見えなくなって、横並び、モノ余り状態になった。経済は右肩上がりで国民所得も上がっていた。昭和元禄と評論家は譬えた。国民の90%は中流意識を持ち、独自のライフスタイルを持つようになり、消費者の選択眼も肥えてきた。

円高で並行輸入製品・食品も増え、手を伸ばせば何でも欲しいものが手に入り、飽食の気分の時代だった。TVで商品を知り専門誌で調べて買うような賢い消費者も増えてきたのである。

経済は好調、なのに我が社の商品の売れ行きが鈍いのはなぜだろうか。男性の論理、男性の頭脳ばかりで開発しても限界なのではないか。そんな疑問を持った企業はマーケティング思考が必要であると気がついた。生活者が本当に欲しいものを開発しなければならない、と。我が社の商品開発部を充実させなければ市場から取り残されるという危機感を企業は持ったのである。

二つ目は、購買決定が主婦の発言権による、という環境が出来つつあったことだ。たとえば、丸井が描く「愛情はつらつ」。夫婦は夫も妻も友達感覚である。車も家も「君がいいというのなら」で決定する。彼らの妻は〝ウチノ奥さん〟と敬われている。月賦の丸井もカード決済化し、銀行もクレジットカードを（旦那の名義の預金通帳があれば）主婦に発行してくれるようになった。

働く主婦も三人に一人だったのが、三人に二人と増え、自由裁量できる「自分の財布」を持つ女性が増えて購買決定権は強くなったのだ。正社員に銀行がクレジットカードを発行してくれるようになった（パートやアルバイトには発行してもらえなかった）。

ダブルインカムの家庭が増えてきていた。決定権が女性なら女性目線の商品開発をすればいいわけである。

しかし女性を雇用してこなかった企業には、マーケティングの知識を持った女性も研究者も技術者も見当たらなかった。

三つ目に、企業はマーケティングの弱さを広告代理店で補いたいと考えたことだ。企業内でそのような専門家を教育している時間的余裕はなかったからである。しかし代理店にも男性マーケッターはいても女性マーケッターは皆無に近かった。

広告代理店はクライアント担当、メディア担当セクションを中心に圧倒的に男性主体である。クリエイティブ部門にコピーライター、デザイナーといった専門職の女性はいたが、少なかった。基本的にはクリエイティブの世界もほとんど男性だった（東京コピーライターズクラブのメンバー男性527人中、女性50人と少数。1984年）。

そこで、急を要する対応には外部で活動している女性マーケッターやコピーライターを組織化するのが早道と、電通は女性ばかりの広告会社「電通ＥＹＥ」の設立に至ったのだ。男女雇用機会均等法が国会で審議に入っている最中、しかも成立しそうだという雰囲気のなか、それを待てずに設立するという切迫感があった。

「女性だけの」というフレーズをアピールとして、東急エージェンシーも女性部隊を組織したし、電通大阪では「め組」という部隊を、シャープは女性開発部門を作って次々と女性目線の電器製品を世に出した。

Ⅲ 男女雇用機会均等法ショック

1985年 「男女雇用機会均等法」成立
1986年 同法施行
経済同友会 女性に門戸開放
1992年 「育児休業法」施行
共働き世帯が専業主婦世帯を上回る
1993年 「パート労働法」施行
1994年 最高裁に初の女性判事
1999年 改正男女雇用機会均等法
2005年 働く女性の5割超が非正規労働者
2014年 企業での女性活躍推進がブームに

男女雇用機会均等法の成立は男性主体社会の基盤を揺るがした

1985年、男女雇用機会均等法は国会を通過し、1986年施行と決定された。女性にとって待ちに待った水戸黄門さまのご印籠、「勇気の元」となる朗報だった。大学を出ても採用試験を受けられない、という差別はこれで解消されるからだ。しかし依然として大手企業の採用枠は男女で人数に差があった。まあこれで一歩前進と考えるしかなかった。

実際には門戸は開放したけれど、採用試験をすると上位は女性で占められてしまい、仕方ないので採用を10位からとった、などという内輪話が経営者の間で酒の肴にもっともらしく囁かれていた。

自分のための仕事情報誌『とらばーゆ』は、労働省の職業安定所に行くのにはちょっと二の足を踏んでしまうが雑誌なら、という女性に、気安く探せる就職窓口としてバイブルとなった。新卒でも様々な事情がある人にとってはわがままを聞いてくれるような窓口だった。

子育て中でも家計の手助けに働きたいという主婦もいる。「9時～5時の勤務は無理だけど…」というお母さんや習い事や学校に行きたい若い女性対象など、キメ細かい編集方針が読者の心をつかんだ。

私の都合

リクルート
1985年

私の素直

リクルート
1985年

母の勇気を、
なんとかしたい。

リクルート
1985年

母の馬力も、
なんとかしたい。

リクルート
1985年

しずかの国へ。

日立家電
1986年

1985年、日立家電は新製品の洗濯機のネーミング・コンペを各代理店に発注した。電通EYEは、女性コピーライター14人のみ。

この頃には主婦三人のうち二人が働く時代になっていた。主婦が仕事を始めると忙しく、日中、まして朝に洗濯などしている暇はない。しかし日曜まで洗濯物はためておけない。必然的に働く女性は、帰宅後の夜に洗濯機を回すようになった。電通EYEの女性社員たちは、その状況を身をもって一番よく知っていたのである。

それまでの洗濯機のネーミングは、「愛妻号」(松下電器)、「サンヨー夫人」(三洋電機)、「青空」(日立)「銀河」(東芝)と主婦を意識したものか、洗濯物のイメージを連想させるものだった。テレビコマーシャルも若い奥さんが青空の下でシーツをピンと広げて干すシーンが多かった。現実は昼間洗濯などできず、青い空に干す幸せなんて男性が描く絵空事だった。

日立のオリエンテーションでは、①モーター音がたいへん静かになった静音設計である、②からまん棒で波が大小発生し洗浄力が高まった、③洗浄力が高まったため洗浄時間が短くなった、という3つの特徴が挙げられた。

洗濯機の購入決定者は主婦である。当時の女性のライフスタイルを考えた結果、提案したのが「静《しずか》御前《ごぜん》」という案だった。

キャリア・ウーマンたちは残業で遅くまで働いている。帰りに同僚と一杯飲むことも覚えた。午前様もいる。セブン−イレブンをはじめ深夜営業をするコンビニ、24時間営業のガソリンスタンド、ファーストフードなどが増え、都会は不夜城のようになっていき、街は眠らない。日増しに夜型人間が増えていくことも実感していた。一方、アパート暮らしでは洗濯機のモーター音や排水音が隣の家に結構響く。お隣は夜に洗濯していてうるさいわ、どんなお仕事をしているのかしら、という近所の噂話を気にしながら洗濯機を回していた。そのような状況だったので、「静かな洗濯機」ということが一番アピールになるのではないかと考えた。洗浄力は洗剤にもよる。洗濯機に張り付いていることはないから洗濯時間の短縮はそれほどに魅力ではない。普通は何かしながら洗濯している人がほとんどなのだから時間短縮は気にならない。

「静御前」は、「午前様」と「静か」であることのダブルミーニングであった。音をセールスポイントにした「静御前」は、松下電器の「愛妻号」を売上で抜き、〝正妻が愛人に負けた〟と業界の裏話になったほど、大ヒットとなった。

さらに乾燥機の普及で「洗濯物は青空のもとで干す」といった概念を全く変えた。夜でも誰に気兼ねすることなく洗濯できる。静かな洗濯機は働く女性のサポーターであった。

生活感のある女性クリエイターたちならではの発想だったからこそ成功を収めることができたいい前例である。

※女性のライフスタイルの変化が洗濯機のネーミングにも影響した

〈参考データ〉当時のミセスを取り巻く環境

〈洗濯機に対する要望〉

昼間は仕事だから、
朝とか夜に洗濯したい。

マンションだから、音が気になります。
お隣に気がねなく洗濯したい。

趣味やカルチャーのために時間を使いたい。
だから、お洗濯は手間なくすばやく。

主人や子どもたちもきちんと洗える
使いやすい洗濯機を選びたい。

〈当時のライフスタイルの状況〉

仕事をもつミセス　51.1%
総務庁統計局 昭和60年労働力調査より

共同住宅　4戸に1戸
総務庁統計局 昭和58年住宅統計調査より

自分の時間を大切にするミセスたち
ミセスの外出理由ベスト5(買い物は除く)
1　子供会、PTA、学校行事などへの参加
2　交際、つき合い
3　趣味
4　カルチャースクールなど文化、教育活動
5　スポーツ
日立調べ

単身赴任者　現在全国に約14万人
労働省(昭和58年雇用動向調査)に基づく
労働省統計より

出典:電通EYE作成「静御前セールスプロモーション資料」より一部修正

■言いたいこと言わせていただきます

男も妊娠すればいいんだ。

オカモト
1987年

「私は年中無休」(サンビシ、1974年)というコピーも注目されたが、年中無休とあきらめていた主婦は、外で働き始めると夫との役割分担の不公平さに改めて気付いた。家族を作るのは共同作業なのに、女性は10か月に及ぶ妊娠の予想外の辛さに根を上げたくなる。なぜ男性はつわりがないのか、なぜ見苦しい出っ腹にならないのか、なぜ出産という苦しさや痛さを男性は経験しないで済むのか。男性はその間酒も飲める、スポーツもできる。しかし女性は胎内のベビーのためにすべてを犠牲にする。キャリアも犠牲にしなければならない。この不公平さをストレートに訴えたオカモトの広告は衝撃的だった。口には出していたが、広告のキャッチフレーズを使ってこんなに大声でいった例はこれまでなかったからである。

『飛ぶのが怖い』の著者エリカ・ジョングは、主人公である「わたし」と九人の子供を持つ姉との喧嘩でこう言っている。

「不公平だと思われるのは赤ん坊をつくること自体ではなくて、男のために赤ん坊をつくることだ。彼らの名前をもらう赤ん坊。捨てられるという条件のもとに喜ばせたりつくしたりしなくてはならない男に、愛という手段でつなぎとめられてしまう赤ん坊。そして愛は結局、いちばん強い錠だ。何よりも激しく擦られて、何よりもながもちするもの。すると私もそれっきり罠にはまってしまうだろう。私自身の感情と私自身の子供の人質」

女だって、女房が欲しい。

NTT
1985年

日本電信電話公社が民営化してＮＴＴとなった時に、女性誌に掲載したもの。

男女雇用機会均等法の施行で女性の就職のチャンスは広がった。ところが、いざ主婦が働きだしても、日本の夫たちは旧態依然のままだった。「家事は女性がやる仕事」という世の中の意識は全く変わっていない。家事が機会均等でないのだ。主婦の私だって、世話してくれる人が欲しいわ、という切実な女の叫びが広告に表れている。ロボットの腕によるコーヒーサービスは、ＮＴＴの電話回線による新しいサービスを告げている。

「掃除・洗濯・炊事まではできませんが、留守中あなたに代わって応対します。忙しい女性の女房役でんわばんは、月額５００円」

留守番電話がこの頃から普及しだした時の広告である。

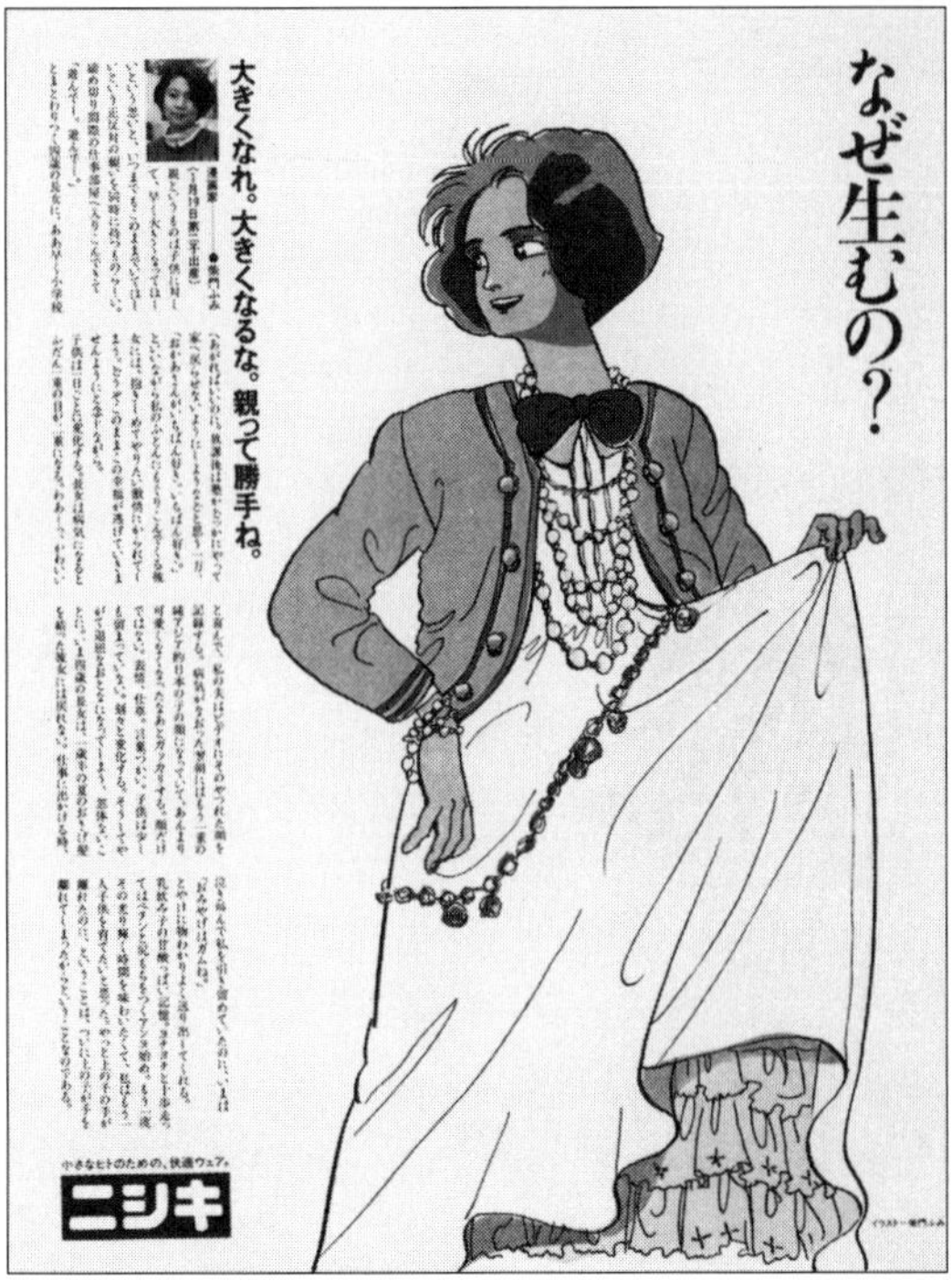

なぜ生むの？

ニシキ
1986年

二人目のお子さんを生んだばかりの漫画家の柴門ふみさんが、子育ての実感をエッセイで語っている。熱のせいで一重まぶたが二重になった可愛らしさ、パパの娘べったりな様子など、子供がいる幸せを書いたもので「生む」ことを推奨している。子供がいる家族の幸せをエッセイでほのぼのと。

「なぜ生むの?」というキャッチを使っているが、「小さなヒトのための、快適ウェア」を提供するニシキの広告としては逆のことを言っているのではないか。ニシキとしてはたくさん生んでくれなくては困るはずである。このキャッチフレーズ制作の裏には、少子化現象という社会があった。結婚年齢の上昇、結婚しない女性の増加、結婚しても子供を生まない主義の夫婦、キャリアのために出産を躊躇している妻、といったもろもろの状況があった。

「なぜ生むの?」とはまた、なんとドキッとする質問ではないか、ある意味で不穏な問いである。妊娠したら生むのが当然であるのに小さな命を消すことを肯定さえしているようではないか。

さらに、「なぜ」には「どうしてそんなことするの?」という言外の批難が込められているニュアンスさえ感じられる。生んじゃいけないのですか、と反論さえしたくなる。そこがこの広告の狙いで、柴門さんのエッセイまで引き込み〝生んで良かったわ、仕事と結婚、キャリアは続けられるのよ〟と、仕事を取るか結婚するか、二者択一を考えている女性へのアドバイスとなっている。

■上手に夫を掌に載せていけばいいんじゃない

タンスにゴン

大日本除虫菊
1986年

駅前通り町内会、婦人部例会

「衣類のしまい方」

場所は関西のある町内会の会議室らしい。

木野花さん、もたいまさこさんが演じる主婦が「亭主元気で留守がいい」と唱和するこのCMは大ヒットした。目くじら立てずに生活を楽しみましょうよ、という心のゆとりが出てきたのか、女性たちの笑いを誘った。関西人特有のユーモアか、虫やカビに譬えられた夫たちも苦笑交じりに受け入れた。病気になっては困るけど元気なら多少のことは目をつぶって、入れてくれるお金だけもらって美味しいものでも食べに行けばいいじゃない、という小市民的主婦の本音。

このCMを聞いた女性たちは「なるほど、そうだそうだ」と賛意の拍手喝采を送った。もっと賢く生きなきゃ損だ、と。

黒板に婦人会でなく「婦人部」としているところがまた心憎い演出。婦人会というと任意団体の感じであるが、「部」となるとある目的を持って結束して事に当たる感じがする。主婦が「タンスにゴン」と、一致団結して唱和するのは「部」であるからだ。制作者の堀井博次さんは読売新聞の取材でこう答えている。

「あくまで、日常という、普遍的なものを作ってきた。だから覚えてもらえるのと違いますか」

町内会での集まりという市民目線が共感を生んだ。

■心とカラダに筋肉をつけました

夏だ。海だ。
それは常識だ。

西武百貨店
1984年

夏になると水着情報が女性誌を埋め尽くす。今年の傾向はツーピース型とか、ワンピース型とか、色や柄はああだこうだとか、一つの体では足りないくらい誘惑してくる。

しかし、自分の財布をしっかり持ち出した女性たちは、おしゃれの本質も学んだのだった。自分の個性を知って、それを表現する術を知ったのだ。かつて「ファッションはメディアである」という名言を著したマーケッターがいた。着ている服はつまり、着ている人をあらわす媒体である、という。まさにその通りである。

服で好みはわかるし、考え方もライフスタイルもわかってしまう。私たちはメディアを着て歩いているわけである。

夏、ビキニのシーズンは裸がファッションだ。裸がメディアということでもある。

スリムばかりが魅力とは限らない。自分の肉体の魅力を引き出してこそ海辺の勝利者になれるのだ。個性を鍛えるように体も鍛えたい。誰に見せるのでもない体形という水着。

ボディビルダーのように胸に筋肉をつけたら、心にも筋肉がつくと思う。

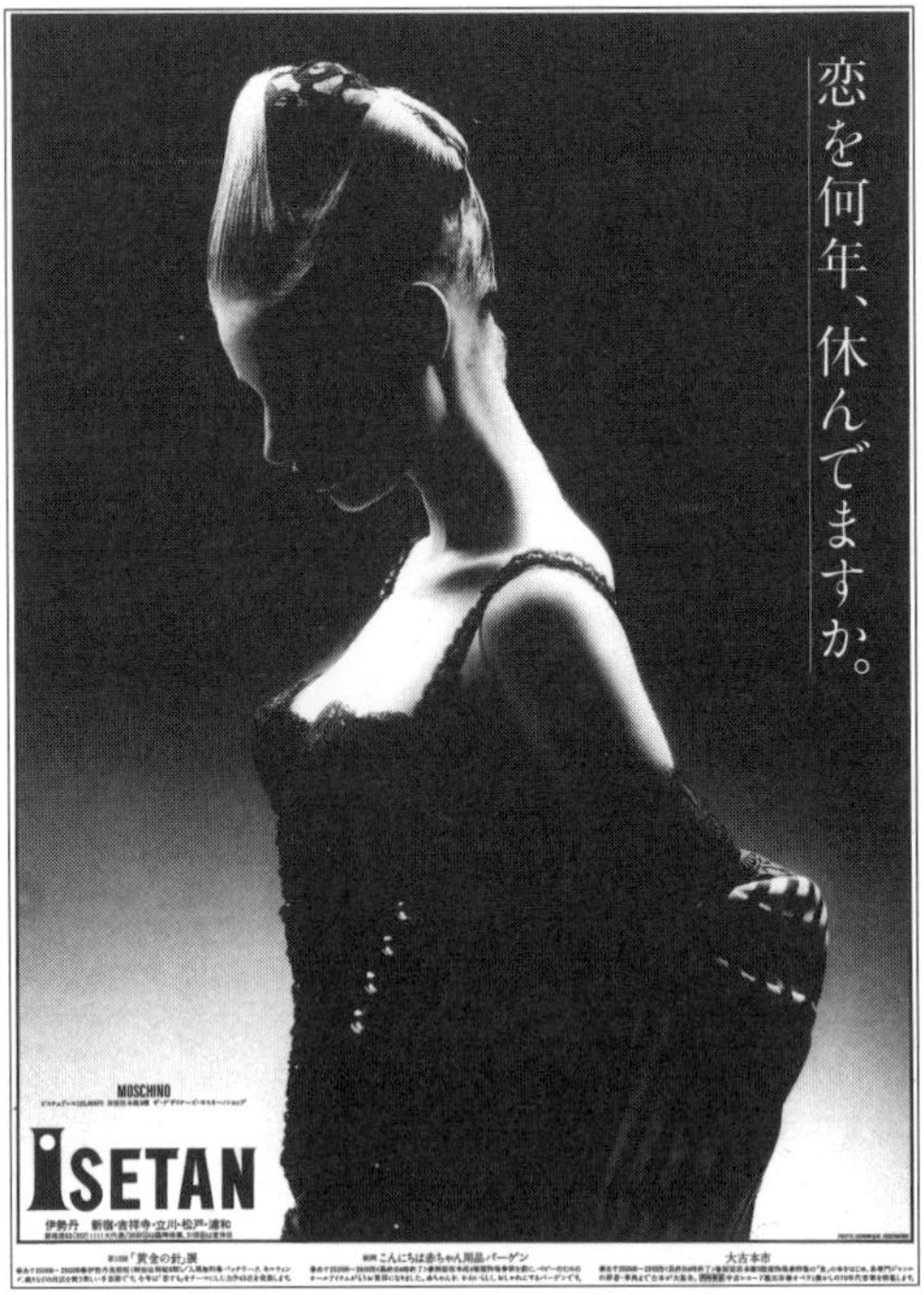

恋を何年、
休んでますか。

伊勢丹
1988年

結婚したら恋はご法度。妻は貞淑であるべき。あるいは働く女性は仕事に生きるべきで子供を産むな、といった暗黙の縛りが社会を支配していた。この女性はおそらく結婚して数年の若い妻。素敵なドレスを着て何処かに出掛けるわけでもなく、美しさを持て余している。夫と恋に落ちて情熱の赴くまま結婚したけれど、この先このまま退屈な日々を送るのかと、ふと不安を覚えだしたのかうつむいている。女の人生、これで終わりなのかしら、と。もう何年もトキメキを感じなくなった、そう、恋をしなくなってから何年経つのかしら、これが貞淑ということなのかしら、と。

女の人生を大切にしたい、主婦が恋をしてもいけませんか、というつぶやきが伊勢丹に聞こえたのだ。

何人まで愛せるか。

伊勢丹
1991年

このコピーの制作者は眞木準さん。このほかにも「恋」をテーマに数多くのキャッチ・フレーズを残している。

カンビールのおかわりと新しい恋はお近くのあの人と（サントリー）

カンビールのおかわりと破れた恋はお近くの屑カゴへ（サントリー）

失恋は何度やっても、やめられない。（三陽商会）

恋さえあれば、愛などいらない。（三陽商会）

恋を何年、休んでますか。（伊勢丹）

など常に女性に優しい目線で仕事をされていた（この伊勢丹のコピーはTBSのテレビドラマのタイトルにも使われた）。自分の信念を広告制作に反映することはなかなかできないが、眞木さんはそれを全うしてきた数少ないコピーライターである。この広告に出会ったとき女性は「私は何人の男の人と恋をしたかしら」と過去を振り返っただろう。あるいは「もっと誰か好きになっていいのかしら」「貞淑の看板を脱ぎ捨ててもいいのかしら」といろいろ考えたと思う。ボーヴォワールは「男性にとってと女性にとってでは全く意味が異なり、男女が離別する深刻な誤解の原因となっている……恋愛は男性の生活においてはひとつの活動に過ぎないが、女性にとっては生活そのものである」と恋愛について言っている。眞木さんは「生活」から抜け出てもっと人生を明るく生きなさいよ、と言いたかったのではないだろうか。生前にもっとお話を聞きたかった。

■自前の財布を持てば女も強くなれる

いま、私と銀行は、結婚を前提につきあっている。

三和銀行
1992年

信じられるだろうか。

30年前、フリーの独身女性は銀行でクレジットカードを作ろうとしたら断られた。定職があり預金通帳を見せないとカードは発行してもらえなかった。女性で独身であることは銀行では日陰者扱いだったのである。

友人が銀行系クレジットカードを持っているので私も、と銀行に行ったらご主人の預金通帳をお持ちくださいと言われた。妻の身分では夫の収入が保証されていないとカードを発行してもらえなかった。発行されたカードは夫名義であった。「妻」という保証があっても、銀行は一人の社会人として認めていない。

銀行の立場としたら収入が保証されていない人物とカード契約はできないのは当然であるが、存在否定のような気にさせられたものだ。

私が会社を任されて女性のフリーライターを何人か採用したとき、彼女たちから感謝されたのは、銀行のカードを入手できたことだった。

今ではスーパーでもデパートでもカード決済ができる所が多くなった。多くの女性が定職につけるようになり、自分名義のカードを持てたのは男女雇用機会均等法のうれしい出来事の一つである。この広告によると、A子さんは勤めはじめると天引貯金を銀行からすすめられ、自分名義のキャッシュカードを持った。

優等生の
クルマばかりじゃ、
ツマラナイと
思います。

日産自動車
1988年

メカニックなものは男性が選んで決める、高額商品購入は夫が決定するもの、と思われた世界に女性の趣味や意思が参入し始めた。

日本車は性能がよく経済性に優れている、という評価が世界で定まってきた反面、外国の車と比べると、皆似たりよったりでつまらない。そう思っている大衆に、広告モデルになった女優の斉藤由貴さんは「もっと面白さとか、外見とか、見栄とかだけにこだわったクルマの方が楽しい。あのクルマ違うねと言われるくらいのキャラクターが欲しい」と。斉藤由貴さんは免許を持たず（この広告時点）、運転席の隣に座っている立場でもこのように主張している。

女性の免許取得は当たり前になってきており、各社女性ドライバーを意識した車を発売した。女性好みの色や、メイキャップをちょっと直せるように鏡を工夫したり、乗り降りしやすいシート、シートの材質などにこだわりをアピールしたりしていた。自分でハンドルを握りだすと、優等生の車でなくてもいいから、個性がある車がいいわ、と高額商品の車も女性が決定者になった。

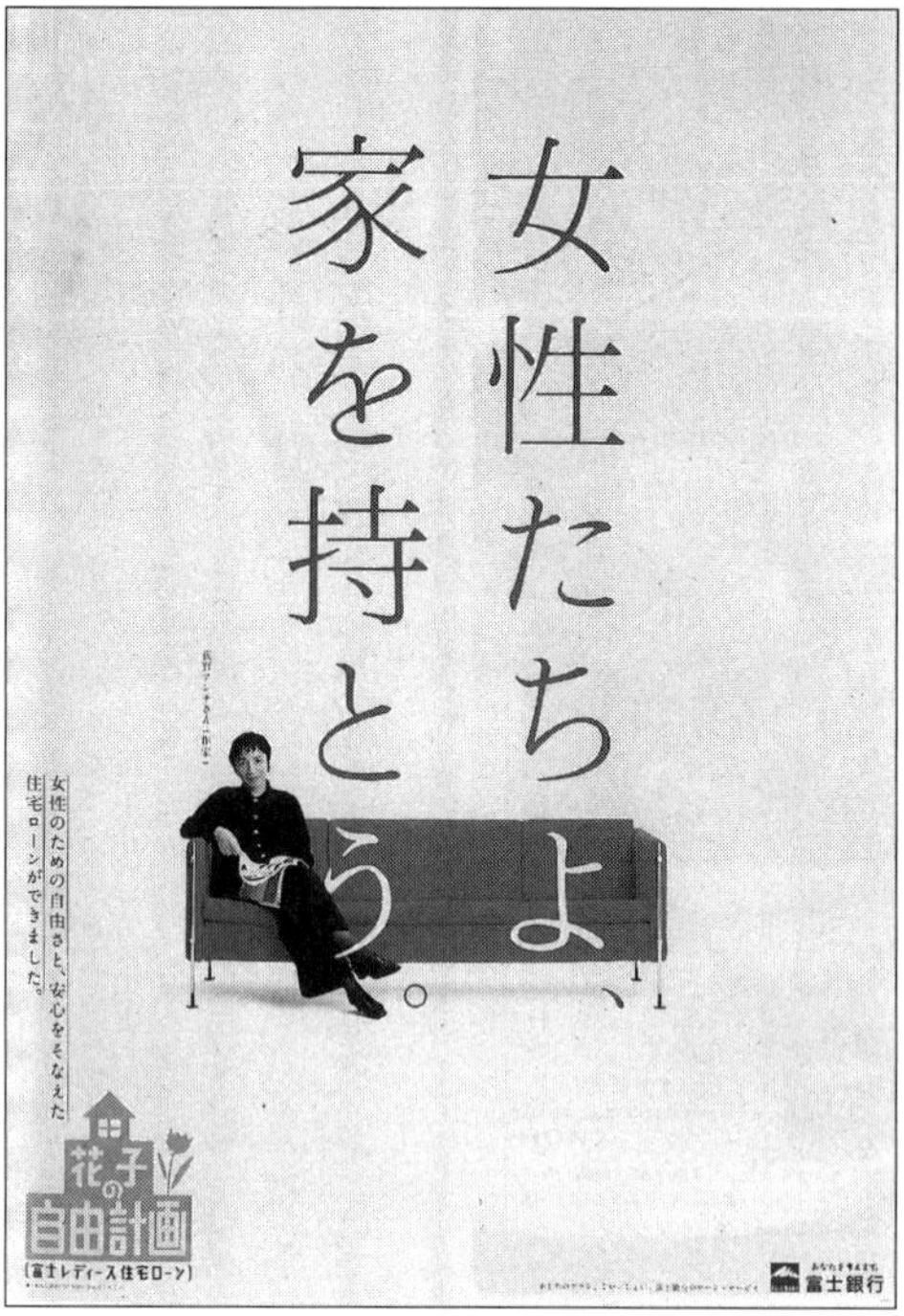

女性たちよ、
家を持とう。

富士銀行
1995年

女性の結婚年齢の高年齢化、未婚率の上昇が問題になっていた。男女雇用機会均等法から5、6年もたつと、男と肩を並べて働く楽しさ、仕事の面白さを知った女性たちが増えてきていた。結婚に頼らずともひとりで生きていける、と親元から通勤していたサラリーウーマンも自由が欲しくなった。それなりに預金もある。銀行が女性だからローンを組んでくれないということもなくなってきた。独立したいな、と若い女性でもそれは夢ではなくなったのだ。

車どころか、家という高額物件も買える時代になってきた。女性が世帯主。家は男性の世帯主が名義人という慣習を破る広告だった。

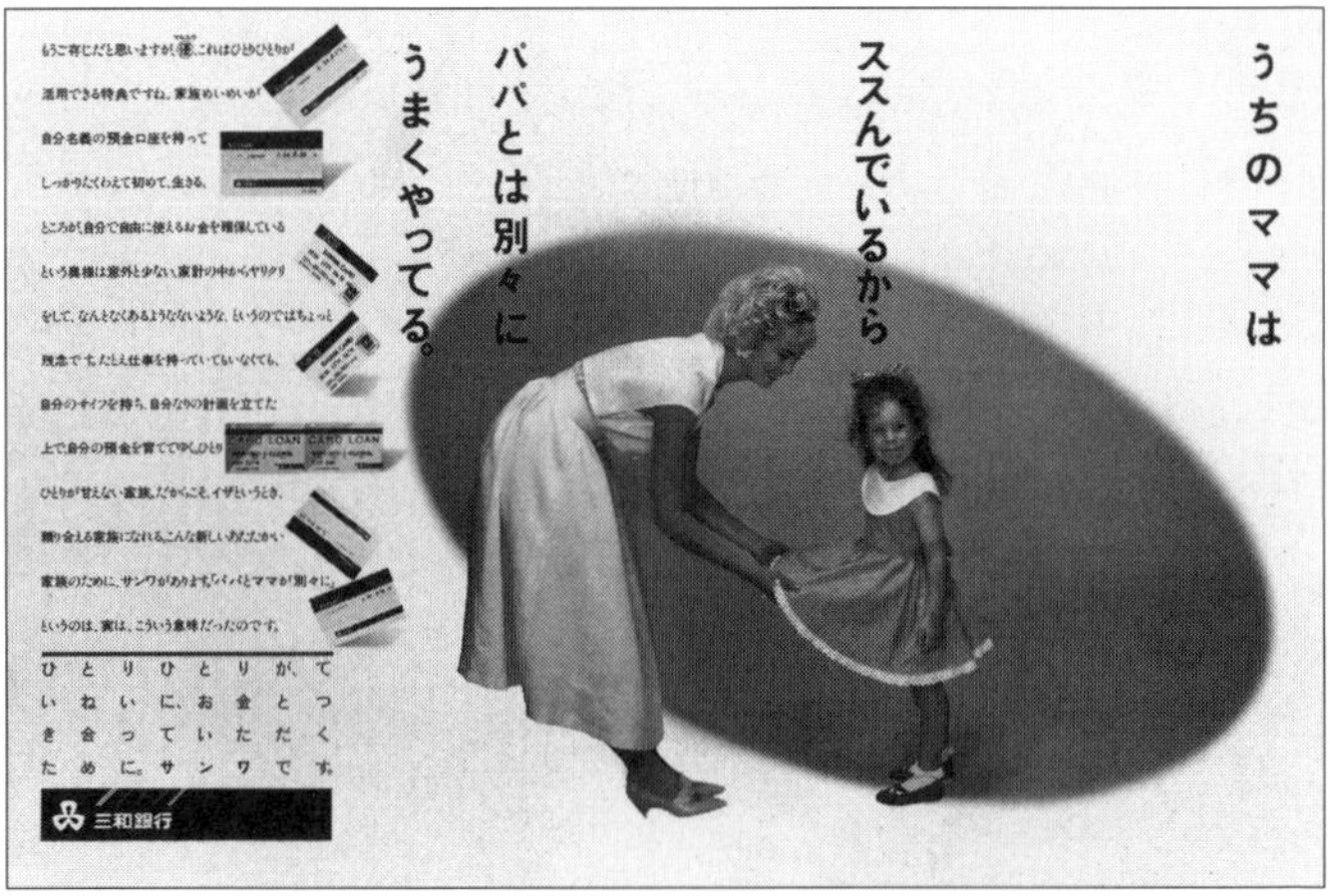

うちのママは
ススんでいるから
パパとは別々に
うまくやってる。

三和銀行
1986年

「自分名義の預金口座を持ってしっかりたくわえて初めて生きる。ところが、自分で自由に使えるお金を確保しているという奥様は意外と少ない」と書かれている。

自分の財布を持って自分なりの計画を立てられる、それが新しい家族のカタチ、と自分名義の口座の開設を推奨している広告である。

家計をやりくりして、なんとなくあるような無いようなそんな財布では残念。仕事をしていなくても、夫の口座ではなく自分の口座を作って育てていく、甘えない家族になってください、それが「マル優の特典」です、と。

つまり、このような広告があるということは、妻が自分の預金口座を持っていない、「ススんでいない」夫婦が当たり前だったわけである。

銀行系クレジットカードが作れなかったのは、こういう次第だから仕方がなく、カード普及までには時間がかかった。

持っているほうが、
カッコイイと思う。

オカモト
1993年

「コンドームは、最初から、オカモトのスキンレス。」

これは銀行カードの話ではないが、自分が主体となるという意味での「カード」の話である。女性の方からなかなか言い出せない避妊の話。

「最初から」と言うのは意味深である。初めて経験することになっても困らないようにあなたが持っていなさい、スキンレスがいいわよ、ということか。それとも、私は初めてのセックスからオカモトよ、ということか。自立した女性は避妊を男性に任せるのではなく女性がするもの、持っていればイザというとき安心だし、セックスにも主導権を持つのがカッコイイ女性の生き方よ、と。

コンドームは男性が買うものといった常識を覆し、女性を購買者に仕立てたのは革命である。本来は、コンドームは男性商品というよりも、女性にとって必需品なのだから。コンドームと口に出していうのも恥ずかしい日陰者の商品。男性でも買いづらく、そこで訪問販売の主力商品であった。家庭で主婦が買い置きするという秘めたセールスが成り立っていたのだ。主婦が家庭にいた時代はともかく、主婦が働き出して家が留守となるとこの販売ルートも細くなっていった。

この広告は、女性の私が買いに行っても恥ずかしくないのだわ、むしろ飛んでる女みたいでカッコイイかも、と思わせた。

薬局の奥で袋に入れられていたコンドームは今やスーパー、コンビニでも陳列されるようになった。

■仕事の楽しさ、厳しさを知りました

男女雇用機会均等法のおかげで意気揚々と男性社会の仲間に入れてもらったのはいいが、会社はそんなに甘くはなかった。次のドトールの広告はそんな女性たちが実感した会社の仕組みを表している。

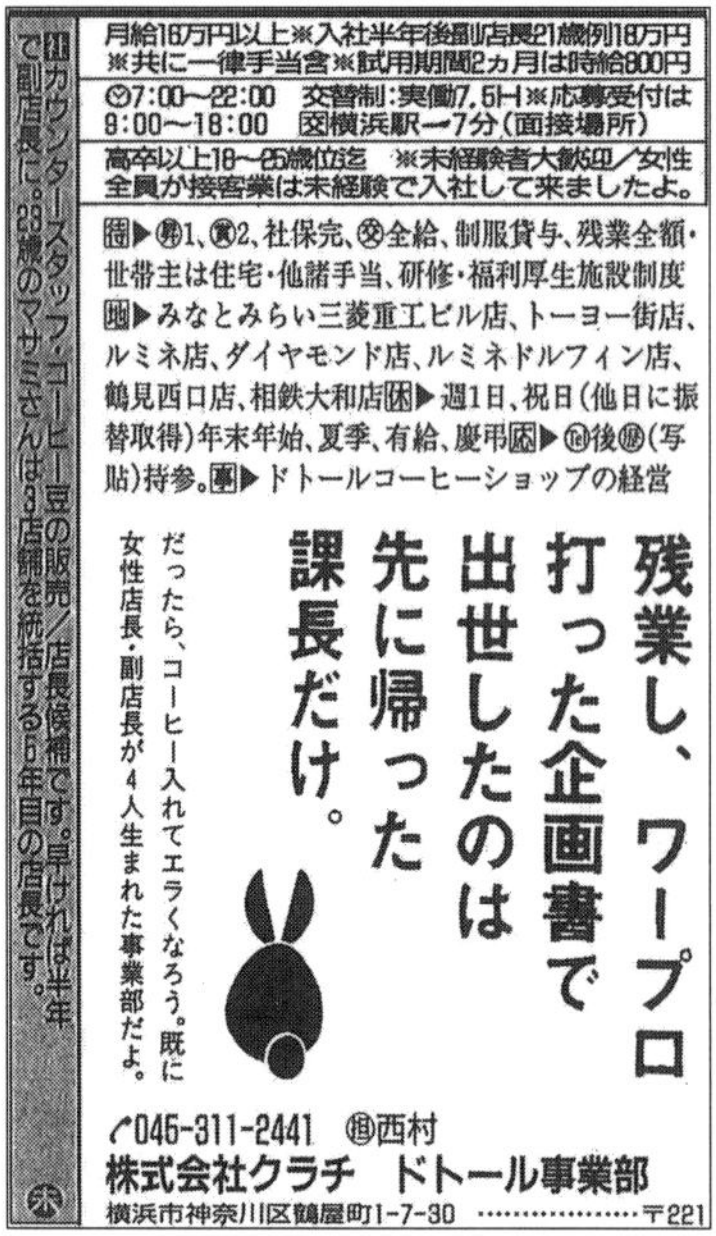

残業し、ワープロ
打った企画書で
出世したのは
先に帰った課長だけ。

クラチ　ドトール事業部
1994年

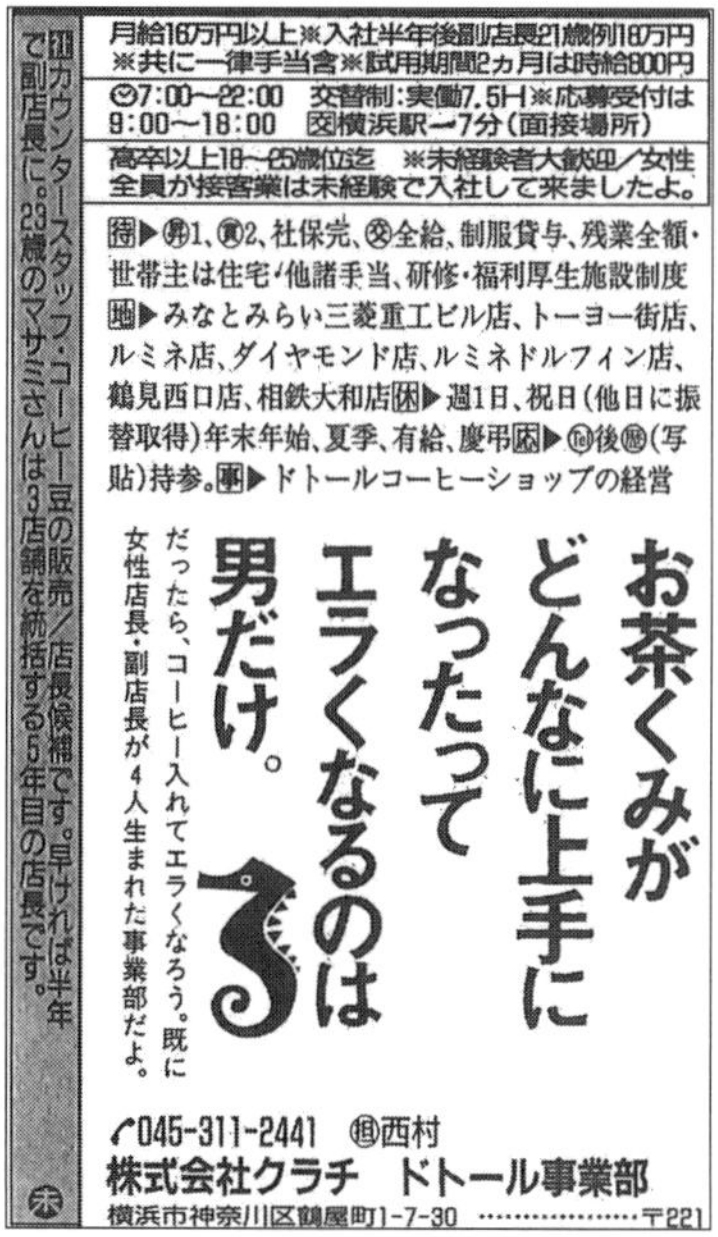

お茶くみが
どんなに上手に
なったってエラく
なるのは男だけ。

クラチ　ドトール事業部
1994年

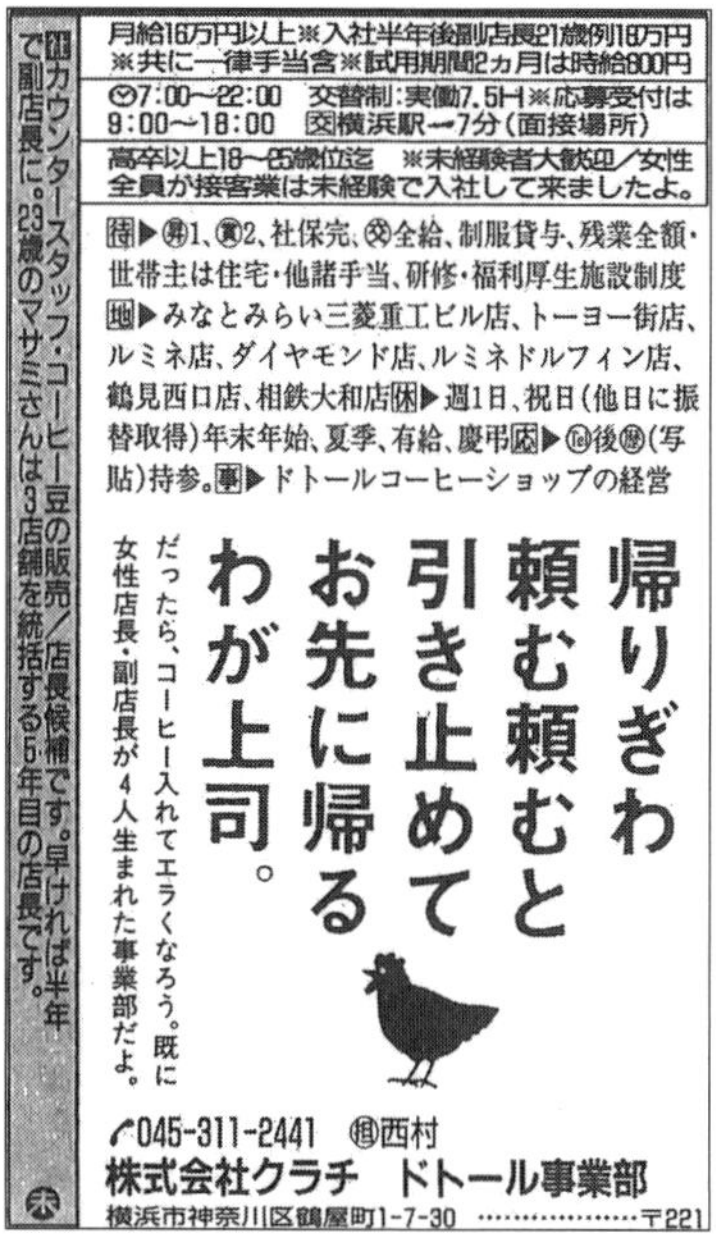

帰りぎわ
頼む頼むと
引き止めて
お先に帰るわが上司。

クラチ　ドトール事業部
1994年

プロの男女は、差別されない。

リクルート

1986年

考えてみたら組織で働くのではなく個人の能力で勝負するプロの世界では男性も女性も差別されない。差別されるのは能力だけだ。「仕事の上でプロになるためには努力しなければね。バレリーナの場合は日々のトレーニングと努力が欠かせない。大変だけど楽しみでもある」と、バレリーナを例に出してプロになるためには努力と資格を取ることを推奨している。

会社に入ったけれどこんなはずじゃなかった、もっといい職場に変わりたいという女性たちが増えていたのだ。

その結果、女性の資格取得熱が高まった。

前略 ボーボワール様

文京女子大学
1991年

高度経済成長を謳歌していた日本に危機が訪れていた。円高、経済不況、リストラなどが続いていた。男女雇用機会均等法のおかげで企業社会に飛び込めるようになったのはいいが、父親や先輩の苦悩や働き方を見ながら、労働の目的や意味を問い直してみる、という余裕が出てきたのだ。

文京女子大学（現・文京学院大学）は経営学部を設置した日本で初めての女子大として、生きがいとは何か、女性の人生とは何か、そして働く意義とは何か、を学生に考えさせた。

いい仕事をした人が、
いい顔になるのは、
なぜだろう。

リクルート
1986年

男性社会には「悪い奴ほどよく出来る」なんて言葉がある。「ヤツは生き馬の目を抜くような商売をしている」なんて怖い人もいる。こういう人たちはほんとうに仕事が顔に出ている。映画の悪役を考えれば納得するだろう。悪役でいい顔をしているなんて話はめったに聞かない。長年の生業が風貌を形成するのだから怖いことだ。

それと真逆で、いい仕事をした人がいい顔になるのは当然のこと。震災の折にボランティアで働いていた人たちの顔を見ると、みんないい顔をしていた。心の充実感が顔を「いい感じ」にするのだ。

これまで経験したこともなかったビジネスの世界に飛び込んだ女性が戸惑うのは無理もない。男性社会でロールモデルもなく、男性の後について見よう見まねで覚えていくのに一生懸命だから、周囲を見渡せない。毎日の仕事が、顔を暗くさせることも、ゆがめさせることも、明るくさせることも、と考えるゆとりもないのだ。仕事、仕事。会社と家との往復。ある日、同僚にあったら気が付いた。「あら、なんだかきれいになったみたい。スーツも決まっているし。化粧も違った」と。

「いい顔になるのは、なぜだろう」という問いかけは若い女性に一番効果的な訴求である。顔のことは一番気になる事柄。仕事が美容に効くとしたら、こんないい話はない。いい仕事をしてきれいになりたかったら、とらばーゆが充実した毎日を送れるようにしてあげますよ、と。

お母さんを
店長って
呼び始めた日。

モスフードサービス
1994年

家に帰ればお母さんだけど、アルバイト先では店長。15歳のこの高校生は働く母親の姿を見て、尊敬の念を持ったという。どちらが先にモスバーガーで働きだしたのだろうか。高校生が先に働きだし、お母さんがあとから勤めだし、その働きぶりによって店長に昇格したのではないだろうか。

年齢とか性別を区別せず、モスバーガーでは働き方によって誰でも責任者になれるということを伝えている。このようなファストフード店では若い店員が当たり前になっているが、モスバーガーは年齢よりも、あくまでも人物評価である。

だから後で入社した人でも逆転するということが起こりうるというわけだ。まあ、普通の企業では当たり前のことではあるけれど。アルバイトや短時間勤務の世界では昇格するのはなかなか大変なことだと思う。

この親子のように一緒に働ける場があるのはうれしいことだ。お母さんにしてみれば子供が監督出来て安心、しかも社会勉強させているという満足感。子供にとっても母親の別の顔を発見できる。親子で働く。このようなお店が増えると社会も健全化するのではないか。

職業安定所などに行かなくても、主婦が自分に合った仕事先を探すことができるようになったのは就職情報誌があるおかげといっていいと思う。

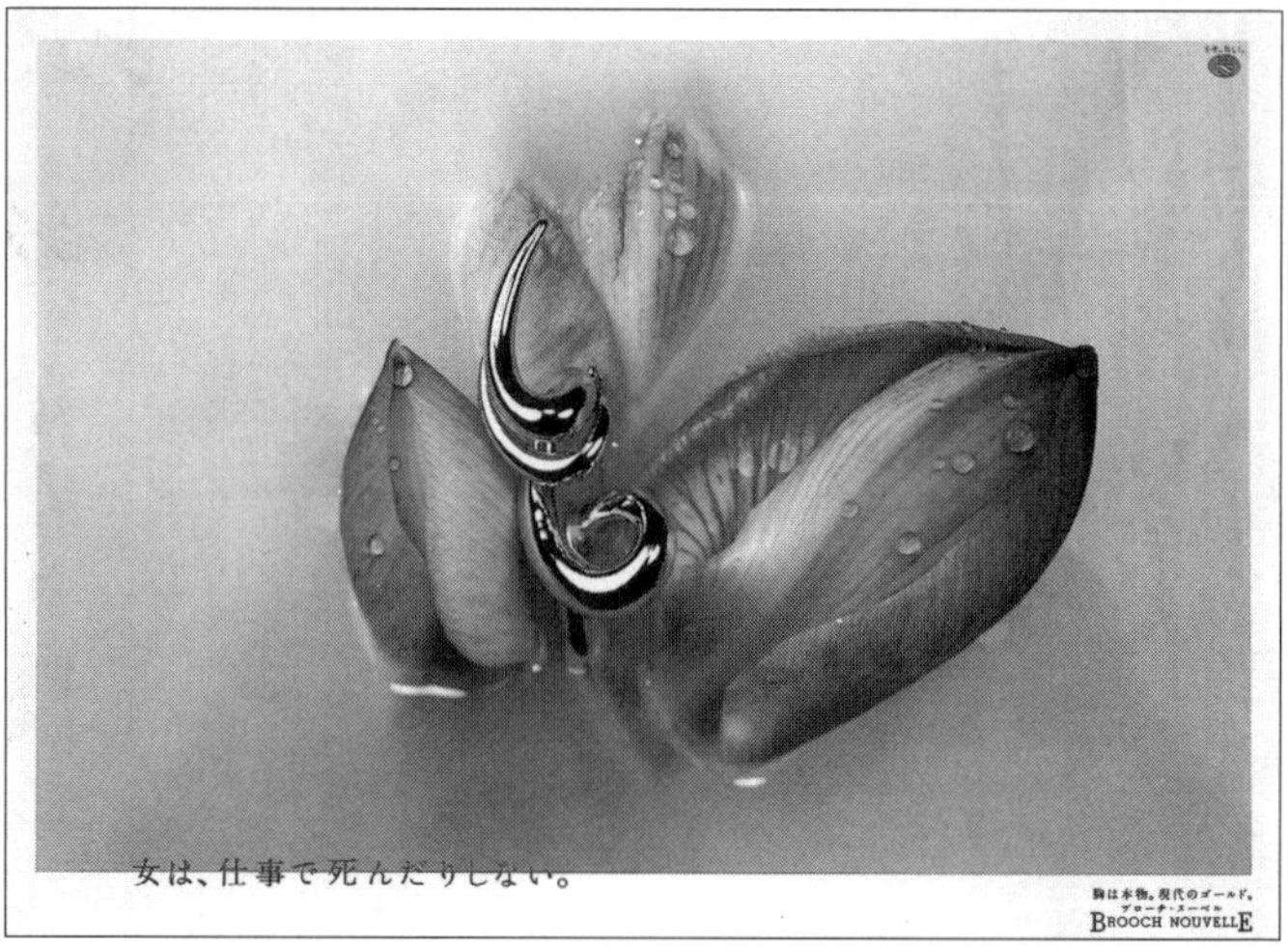

女は、仕事で死んだりしない。

ワールド・ゴールド・カウンシル
1991年

ある商社の副社長が「会社は永遠です」と言って飛び降り自殺した。またある大手銀行の元頭取が責任を被って首を吊った。このような不幸な結末がいくつかあった。女性社員が悪事を働いた事件もいくつか話題になったが、自殺したということはあまり聞かない。これはどういうことだろうか。

女性は男性のように会社一筋、会社が命、ということはないような気がする。もちろん男性並みに責任感が強く会社一筋の人はいるけれど、仕事上のことで自殺するとは思えない。

会社に愛着心がないわけではない。しかし、命を捧げるなんてことは思いつかない。打算でもなんでもない。理性かと言うとそれとも違うような気がする。

これは均等法時代になっても男性と女性を一緒にできない問題の一つだと思う。

このキャッチフレーズ制作者の仲畑貴志さんは「男女の雇用が完全になったときに、女性の過労死なんてのが発生したりすると、何の意味もないから、これは女性に贈るコピーです」と書いている。

今のところそんな心配はないようだ。

男に唆されて悪いことをしてしまう人はいるけれど……。

■諸君、社会に出たら勉強だ

日本経済新聞社
1995年

ある日、
日経は
顔に出る。

日本経済新聞といえば「部長さんの新聞」というイメージであったが、キャリア・ウーマンに的を絞った新しい戦略であった。この広告の制作者は、朝の通勤電車で日経新聞を読んでいる若い女性の姿を目撃していたのであろう。男性に改めて日経新聞を訴求する必要はなく、職場に進出してきた〝若い女性という集団〟を新たなターゲットとしたのは当然のことであった。

ひと昔前はハンドバッグと一緒に『an・an』『non-no』か外国のファッション雑誌を抱えているのがＯＬの典型的な姿だったが、キャリア・ウーマンは日経新聞と共に通勤し始めた。朝の会議前には経済情報を入手しておこうという努力の姿勢である。

既読購読者にとってもうれしいキャッチフレーズとして響き、だからこれからも日経新聞を読まなければ、と思わせた。同時にまだ読んでいないサラリーウーマンには、「あら大変、メイクよりも日経が効くのかしら」と読む気にさせる巧みさ。

バリバリのキャリア・ウーマンでも容姿は一番気になるところ。プレゼンテーションで容姿は最も効果的な小道具の一つであるからだ。

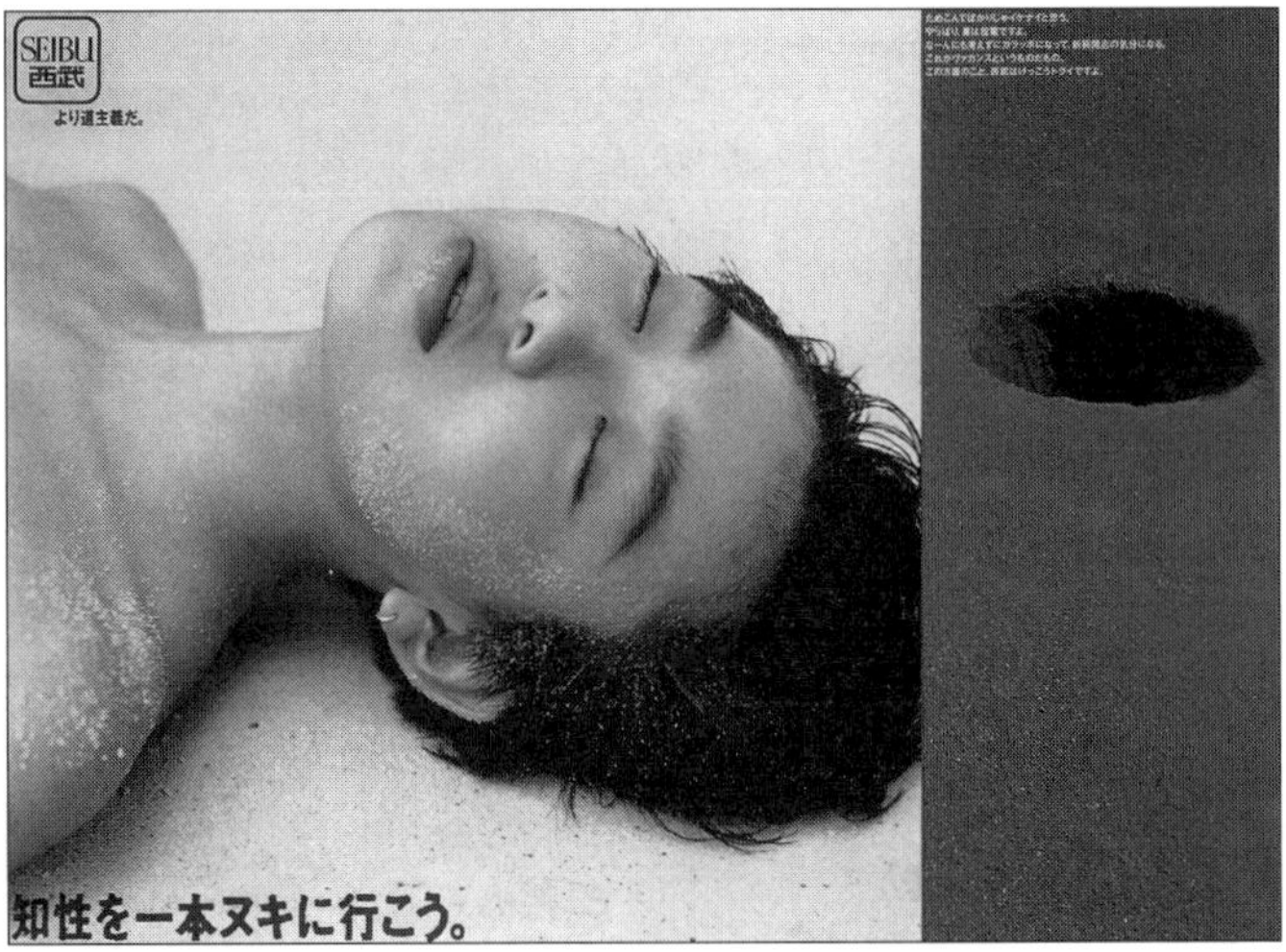

知性を一本ヌキに行こう。

西武百貨店
1989年

均等法1年生とか2年生とか呼ばれ、社内で注目されて頑張っている女性社員たち。長年かかって男性が築いてきた会社の組織には暗黙のルールや目に見えないバリアがあった。

教えてくれる女性の先輩もなく、見よう見まねで真面目に働いた。知識を得て仕事に役立てようと異業種交流会などにも参加した。

頭の中は仕事のことでいっぱい。

そんな女性たちへ休暇を呼びかけた西武の広告。水着でも買って海辺で息抜きも必要だよ、と。

この写真に自分の姿をオーバーラップしてみた女性は多かったと思う。

〝そうだ海へ行こう〟、と。

日本人の平均寿命が伸び、少子高齢社会に突入という報道が盛んであった

25歳を過ぎたら売れ残りのクリスマスケーキといわれたのは大昔。初婚平均年齢は年々上がっていく。

女性の寿命が延びれば化粧寿命も延びるのは当然の成り行きである。しかし、「化粧は若い女性のもの」という固定観念があり、化粧品会社は中年女性向けの商品開発にはなかなか踏み切れなかったようだ。年齢の高い女性が化粧品に関心を示し、お金を使うとは考えなかったのではないかと思う。団塊の世代が50歳に差しかかる頃から、化粧品会社は年配向けの化粧品開発に取り組み始めた。広告もなんとなく恐る恐るといった感じだった。

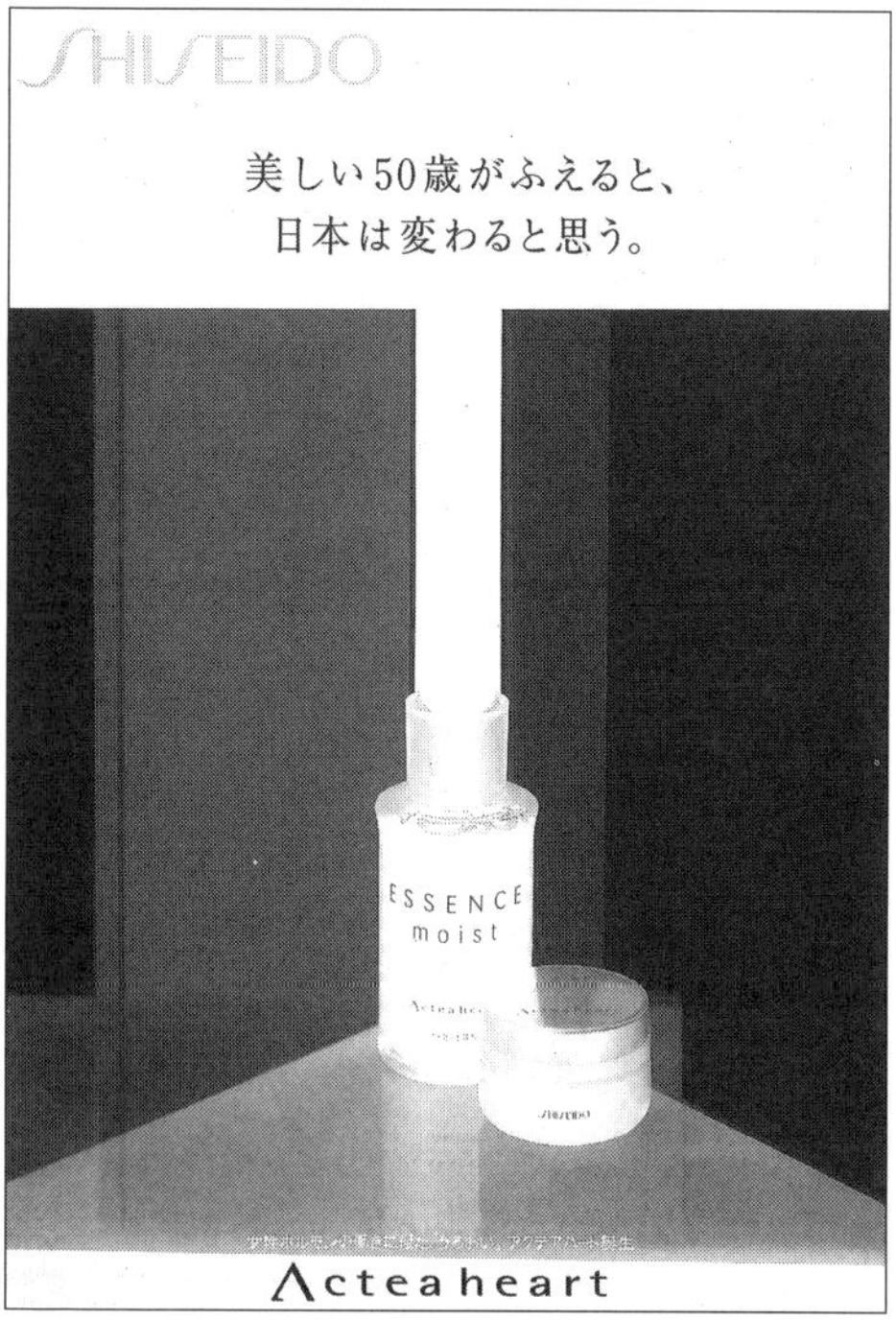

美しい50歳が
ふえると、
日本は
変わると思う。

資生堂
1996年

ワンモア ビジン

資生堂
1997年

１９７０年代、女優は結婚すると人気が下がった。しかしファラ・フォーセットやジェーン・バーキンなど30歳を過ぎてもその美貌で、成熟した女の魅力で女優の座を保ち続ける事実に、わが国でも30歳を過ぎても活躍できる土壌ができつつあった。結婚を隠すこともなくなり、むしろ子持ちであることを誇る風潮にもなっていった。

ミセスの就業率も高まって社会で働く女性が目立ち始めた。ヤング向けが中心だった化粧品業界は、中年女性向けの高級路線を模索し、開発していった。

日本社会は高齢化に突き進み、各業界がシニアマーケットに注目していく。

化粧品業界はシニア向けの化粧品開発を研究していたのであろうが、なんとなく各社様子見のようで積極的なＰＲは見られなかった。年をとった女性は化粧などには構わなくなる、お金をかけない、と思っていたのであろう。マーケットは小さいと見ていたのだ。化粧品会社の社員は男性で占められていた証拠である。

女性は年をとればとるほど本当は化粧品が不可欠になる、藁にもすがる思いでより良い化粧品を訪ね歩く。外に出て働くとなればメイクは重要である。いくつになっても、綺麗だね、といわれたいのが女性の性である。この広告はやっと資生堂が50歳以上のシニア化粧品に、本気で取り組んだことを宣言したものだった。「ワンモア　ビジン」の言葉には、「まだまだ若い頃と変わらないじゃないですか。ちょっと大人になった感じはしますけど」という意味が込められているのだろう。

それゆけ私

サントリー
1997年

この広告はエリカ・ジョングの「飛んでる女」を意識していたかどうか。本が出てから四半世紀もたっているからこの女性たちはエリカ・ジョングではないだろう。

キャビンアテンダントの女性が「飛行機」のようになっている。翼のように両手を横にまっすぐに伸ばしてまさに飛び立とうとしている。

自分の翼で大空を飛べたらどんなに気持ちいいだろう。この写真を見ていると、かつて子供の頃やったように両手を広げて駆け回り、飛行機のつもりになったことを思いださないだろうか。

一人で飛ぶ。誰の助けもなく。彼女たちの姿はなんてさわやかなのだろう。

こんな気分になれるのは、男女雇用機会均等法のおかげで封建社会のしがらみから抜けることができたからである。

このコピーは、さあ、それゆけ、と後ろから背中を押してさえいる。

自由なのだから自分の生きたい空へ、自分の翼で、さあ、さあ、遠慮しないであなたも飛びましょうよ。借り物ではない自分の翼でね。

■男性らしさ、女性らしさって何だろう?

鋳物工場の風景も変わったな。

川口鋳物工業協同組合
1993年

「ひと昔前には想像できなかった、女性の笑顔があります。」とサブタイトル。男性の職場だった鋳物でもなんでも、やれば女性でもできる。実際に川口鋳物工業協同組合で働いている女性の実証広告。門戸を開いてくれれば女性の仕事場は増えてうれしいし、工場にとっても女性がいれば和むもの。両者にとっていいことですよ、と人材確保援助事業を受けた川口の組合の弁。女性は貴重な人材なのです、と。

こういう実例が出てお手本となっているうちは、まだまだ男女雇用機会が均等になっていないということだろうか。もっといろいろな実例が当たり前な風景になる日が早く来て欲しいものだ。

育児をしない男を、
父とは呼ばない。

厚生省
1998年

少子化対策シンポジウムの呼びかけの広告であったが、この紙面は画期的であった。安室奈美恵さんの夫（当時）ＳＡＭさんが子育てをしている様子は、忙しい芸能人一家でさえこうやってベビーの面倒を見ているというリアリティが感動さえ呼んだ。

「父とは呼ばない」とはなんと思い切った表現ではないか。「子供からパパと呼ばれなかったらショック」とドキッとしたお父さんたちは多かったのではないか。

お父さんでいる時間をもっと楽しんでくれれば、お母さんはもっと助かるし、働くことも可能になるわ、ということ。

育児休暇をサラリーマンはなかなか取りにくいが、この頃から少しずつ育休を取った父親の書籍も出版されるようになり、話題となった。

官公庁の広告は公示調の上から目線のメッセージが多い中で、厚生省のこれは感動的であった。

「イクメン」という言葉が出てくるのはこの後である。

育児するいい男を、イクメンと呼ぼう。

イクメンクラブ

育児するいい男を、
イクメンと呼ぼう。

イクメンクラブ
2007年

厚生省の画期的なポスターによる呼びかけにもかかわらず、育児休暇を取る環境にはなかなか進まなかった。

子育てを楽しみながら自分自身も成長する父親。イケメンをもじって「イクメン」とはなんとうまい造語ではないか。イケメンでなくてもイクメンといわれれば、イケメンの気分にさせられる響きがある。

しかし実際に育休を取る段階になると、出世街道から外れたり、乗り遅れるような社会が現実で、申し出る男性は少ない。

知恵を絞った厚生労働省・雇用均等・児童家庭局は、改正育児・介護休業法の施行を機に、2010年、男性の育児休業取得促進事業として「イクメンプロジェクト」を立ち上げ、啓発に積極的に取り組みだした。

この制度の導入によって男性の育児休業取得率は、2010年度1・38%から、2011年度には2・63%となり、2020年までに13%に引き上げることを目標にした。

「育てる男が、家族を変える。社会が動く」をスローガンにして職場や地域の意識啓発を行っている。

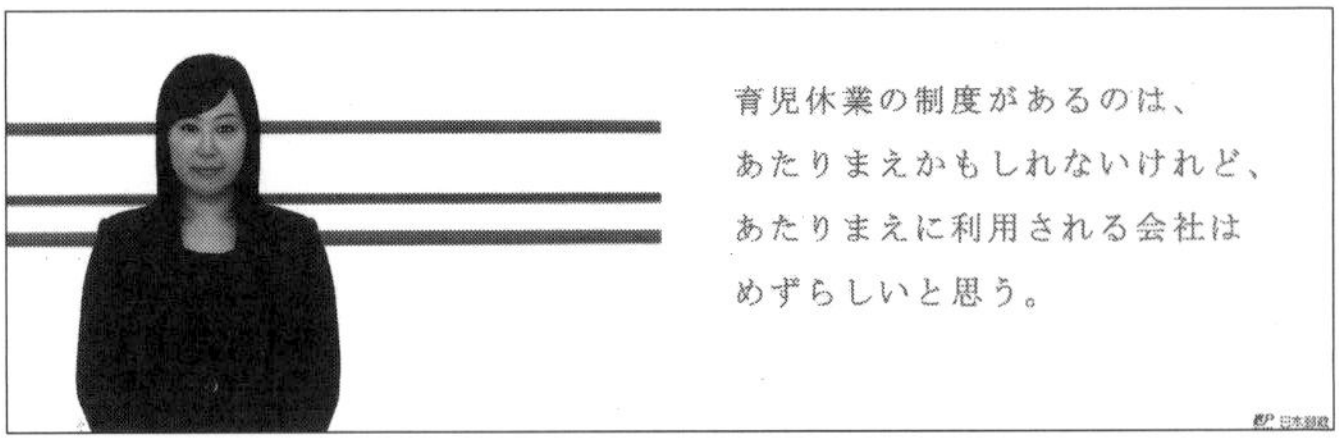

育児休業の制度があるのは、
あたりまえかもしれないけれど、
あたりまえに利用される会社は
めずらしいと思う。

日本郵政
２００８年

■男女格差はなお残る

あと1年たっても、
今日と同じ仕事を
こなすだけですか。

スタッフサービス
1999年

「男女雇用機会均等法」施行から8年。お友だちに管理職は増えましたか。

東京日の丸
1994年

この二つの広告は『とらばーゆ』に掲載された求人広告である。このような広告が効果的と判断され掲載されたということは、女性社員もまだ恵まれた仕事につかせてもらえないことを物語っている。

男女雇用機会均等法施行から8年、ということは男性ならそろそろポストについている人も出てくるころであろう。身の回りにそれらしい女性の仲間はいないということを前提に、我が社ならあなたのキャリアを伸ばせますよ、と暗に勧誘している。求人広告は時代の実態を如実に語っている。まだまだ均等ではないようだ。

スタッフサービスの広告をはじめ、この頃から人材派遣会社の広告が増えてきている。

就職の年だけ、
男だったら
いいのに。

テンプスタッフ
1997年

1985年の男女雇用機会均等法では募集、配置、昇進については「努力義務」にすぎなかったが、1997年の改正法は「努力義務」を「禁止規定」とし、更に定年、退職、解雇についても差別を禁止した。

「就職の年だけ、男だったらいいのに」というフレーズから、いくら法的バックアップ体制が敷かれても、目に見えないバリアがまだあることがわかる。

私も早稲田大学では明らかに差別を感じずに育ってきたのが、大学の就職課に行くと求人表は男子限定ばかりだったので、初めて女子であることを思い知らされた。大学を出た途端にはしごを外された思いを経験した身としては、この広告には痛いほど共感する。広告が掲載された年度を考えると、あの頃と少しも変わっていないのだな、まだそうだったのか、と思った。

■なぜ男性には一般職採用がないのでしょう？

私が総合職として働くことに関し、心に残っている言葉。

日本軽金属
１９９１年

通常、新規学卒者を総合職として採用していた企業は、女性であるという理由で補助的業務に就かせることができなくなったため、処遇に戸惑った。そのため、男性と同じキャリアを積んで管理職を目指す覚悟があれば総合職に、管理職を目指すつもりがなければ一般職に、とコース分けをした。一般職であれば転勤・異動はない。同じ大卒であっても女性社員に二つの身分階層ができた。男性の場合はオール総合職採用であるのは腑に落ちない。男性社員の一般職がある企業は稀有といってもいい。流通業など事業所単位で採用している企業の場合は、リージョナル社員という立場であるが、事業所の中では管理職である。欧米では職種別採用、職務給制度なのでこのような職務名分類は無い。男女雇用機会均等法後の数年はこの法律の対応に企業はオタオタしていたのが実情である。この法律が成立する前年、電通は女性ばかりのクリエイター集団「電通ＥＹＥ」を設立した。私はここの経営者になったのだが、やはり試行錯誤の毎日だった。10年も経つとコース分け採用はすっかり日本の制度として定着していった。総合職、一般職という二つの身分階層に、さらに最近「派遣」という身分が加わった。一つの職場に暗黙のうちに三つの階層があるのは健全とはいえないと思う。バブル崩壊後、企業はリストラを余儀なくされるところも多く、派遣社員に頼る企業が多くなった。特にリストラの対象になったのは弱い立場の女性社員やパート労働者だった。

全労働者のうち派遣社員の占める割合も年々多くなる傾向にあり、派遣労働者と正規労働者の同一待遇が国会でも提起され、日本の労働体制のあり方が見直される時期に来ている。

■心に筋肉をつけました、私たち

親のためにも正社員。

テンコーポレーション
1998年

1990年代初頭から始まった「失われた10年」といわれる経済不況。企業は採用を削減し就職難が深刻化し就職氷河期と呼ばれる状況が続いていた。長期にわたる不況から賃金は上がらず、企業は非正規社員の採用によって急場をしのいでいた。夫の給料は上がらず、主婦も働こうとする家庭が増えてきた。

1997年には、共働き世帯が片働き世帯数を上回り（総務庁「労働力調査特別調査」）。この年を契機に働く主婦は年々増加し、専業主婦数を超えていった。年齢別就業率を見ても結婚適齢期である25～29歳が、1975年には41・4％であったが2011年には72・8％と36年間で飛躍的に増加している。若い女性が働き、仕事を持つことは当然のこと、と世間の意識が深まった。しかし、その門戸はまだまだ広くはなく、サービス業を中心とした派遣社員やアルバイトとしての働き口が多かった。

この広告はそのような女性たちに対して安定した職場を紹介できる事をキーポイントにしている。親孝行のために収入面を訴求するよりも、「どこそこに勤めていますのよ」と親が胸を張って言えるような、親の見栄を満足させてあげられる就職口を紹介できるということ。つまり、それだけ派遣社員の需要が多いということであった。

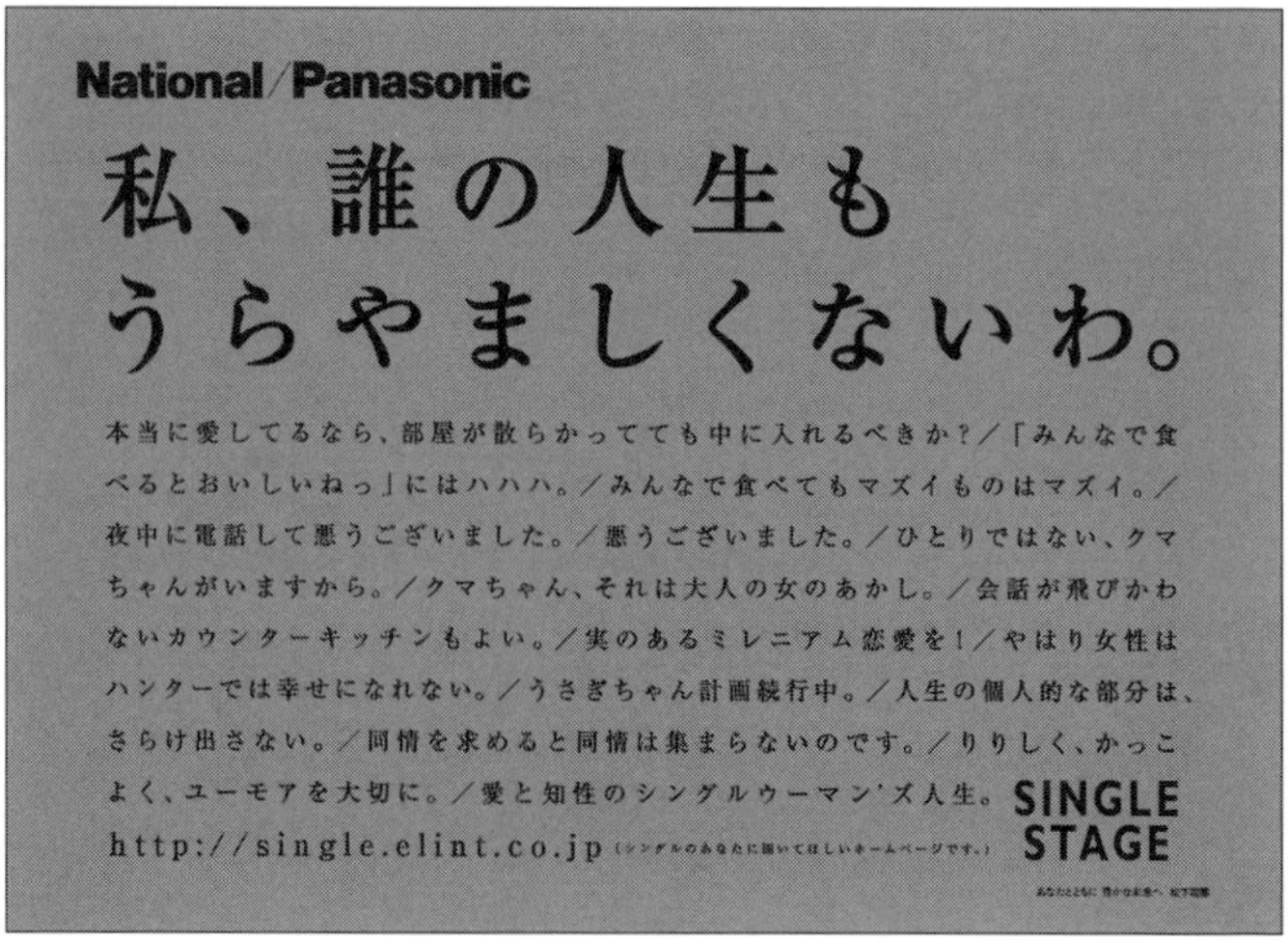
National/Panasonic
私、誰の人生も
うらやましくないわ。
本当に愛してるなら、部屋が散らかってても中に入れるべきか?/「みんなで食べるとおいしいねっ」にはハハハ。/みんなで食べてもマズイものはマズイ。/夜中に電話して悪うございました。/悪うございました。/ひとりではない、クマちゃんがいますから。/クマちゃん、それは大人の女のあかし。/会話が飛びかわないカウンターキッチンもよい。/実のあるミレニアム恋愛を!/やはり女性はハンターでは幸せになれない。/うさぎちゃん計画続行中。/人生の個人的な部分は、さらけ出さない。/同情を求めると同情は集まらないのです。/りりしく、かっこよく、ユーモアを大切に。/愛と知性のシングルウーマン'ズ人生。
SINGLE
STAGE
http://single.elint.co.jp (シングルのあなたに届いてほしいホームページです。)

私、誰の人生も
うらやましくないわ。

松下電器産業
1999年

結婚しない女性たちが増えている。30代の三人に一人は結婚していないという。

ある議会で「早く結婚しろよ」「子供を産んでみろよ」といったセクハラ議員が問題になった。しかしこの発言は男性陣の本音を代弁しているのではないか。言わないだけで胸の内ではそう思っていると感じる。

なぜ男女ともに未婚の若者が増えたのだろう。「なぜか」と聞けば、「結婚はしたい、でもそういう相手がいない」と答えるのだ。

ある文化人に言わせると、男女雇用機会均等法のせいだ、と法律に責任を押しつけていた。男性と同じ給料をもらえれば無理に結婚する必要を感じないだろう、と。

経済的自立は確かに精神的自立を左右する。自分の時間、自分の人生を自分がコントロールできれば、こんな自由で幸福なことはない。

２０００年は、20世紀と決別して、新しい世紀に入る世界的転換期。経済も政治もなんとなく不安と期待が入り交じっていた。

女性は環境に順応しやすいと私は常々思っているのだが、女性はミレニアムに自然体で向き合っていた。一人でも楽しい。勝ち組も負け組もないステージに立っていた。

宝島社の広告（２００９年）が言っているように「女性だけ、新しい種へ」かもしれない。ちなみに、２０００年、この年の流行語大賞に「ジコチュー」がノミネートされた。

自分を根っこから
否定しない。
自分をまるごと
肯定しない。

ルミネ
2013年

このままじゃ、
私、可愛いだけだ。

朝日新聞社
2004年

私に経済効果。

日本経済新聞社
2005年

男女雇用機会均等法制定から20年。

朝の通勤電車。パンツスーツをビシッと決めたキャリア・ウーマンらしき女性は、左肩に大型のショルダー鞄、右手に日経新聞の朝刊を4つ折りにして乗り込んでくる。オフィスへ着く前に株価の終値をチェックして、政治面の話題へ目を走らす。

座席ではサラリーマンが『少年ジャンプ』を読んでいる。女性は下車駅に着くとさっとショルダー鞄に新聞を放り込み、忙しげに降りていく。

こんな情景が都心の電車ではよく見られた。発展途上時のキャリア・ウーマンとしては情報を沢山食べてエネルギーとしなければならなかったのだ。

■女は一筋縄では計れない

いい女性誌の登場って、
何よりの
経済効果だと思います。

宝島社（『InRed（インレッド）』創刊広告）
2002年

宝島社は、競合の多い30代の女性対象のファッション雑誌に挑戦した。この層はアラサー（アラウンド・サーティー）と呼ばれ、女性誌の激戦区である。その戦地に「30代オトナ女子誕生」を旗印に切り込んだ。各号の広告に「女子」という文字が躍った。

女子サッカー、女子マラソンの女子とはちょっと違う意味を持って1990年代後半頃から使われ出したようだ。

漫画家の安野モヨコさんが、美容雑誌『VoCE』（講談社）で連載したエッセイ「美人画報」で「女子力」について書いた。それが「女子」という概念を変えたと言われている。

子供を表す「女の子」ではない。「人の評価などは気にせず、自分がいいと思うものを信じ、自分に備わった魅力を認め、それを更に洗練させようと努力する」、そんな女性像を描いて、何処から見ても子供ではない30代以上の女性をターゲットに「30代女子」という看板を掲げた。宝島社もまた「大人カジュアル」を提唱し、30代の働く女性の心を掴んだ。いわゆる吊るしのスーツでは堅苦しいし、毎日会社に着ていくものに悩んでいた「女子」にフィットしたのだ。

「女子」は様々に活用され、「女子会」「女子力」など流行語になっている。

「女子力」は2009年の新語・流行語大賞にノミネートされ、自らの力、センスを活かして存在力を示すことを指すという。近頃は料理や美容に興味を持つ男性を「女子力男子」ともいうとか。

家庭には
入ったけど
社会から出たわけ
じゃないんです、私。

ユーキャン
2013年

結婚はしたい。でも仕事は続けたい。今の女性は両立させたいと思っている人が多いと思う。子供が生まれてもできるものなら続けたい、と。

しかし夫の転勤とか、育児に専念するためとか、親の介護のためとか、いろいろな事情があって専業主婦にならなければならない場面もある。

社会に出て働いた経験を持つと、たいていの人は家に縛られている自分に閉塞感を持つのではないだろうか。料理を整え、夫の帰りを待つ、そんな生活を続けていると、社会から取り残されてしまうのではないかと不安になる。生き生き働いている同級生を見るとなおさらだ。せっかく大学を出たのにこれで一生終えていいのだろうか、と悩むのではないか。

「有閑マダム」なんて言葉があったが今は「死語」かもしれない。女性たちは社会に関わっていたいのだ。

三菱ＵＦＪリサーチ＆コンサルティングの調査によると、「出産などで勤務先を一度退職した後、再就職した女性の４人に１人は退職を後悔している」。一度退職すると再就職の際には希望通りの仕事や収入が得られないというのが理由のようだ。

「社会」というのは「会社勤め」ばかりではないよ、いろんな道が「社会」につながっているのだからやりたいことをやりなさい、と励ます広告。

年齢の
言うことなんか、
きかない。

ジョンソン・エンド・ジョンソン
2010年

近ごろ女性の「見た目年齢」が分からなくなった。年齢不詳の女性が多くなった。実年齢を聞いて「エッ、うそでしょ」と驚くことが多い。結婚しているし、子供もいるし、そこその年齢のはずだけれど美しくてかっこいい。このような女性たちを「美魔女」と雑誌『美STORY（現・美ST）』が名付けた。魔法をかけたように美しい人、ということのようだ。

彼女たちは美しくなるための研究と努力を惜しまない。だから自分の肌のこと、スタイルなどはよくわかっているのだ。一昔前のミセスには、「ミセスになったらミセス用の化粧品」があってそれに従っていた。

今の美魔女は自分を客観的に見つめて自分に最適の化粧品を選び、自分の魅力を引き立てる装いを選択するので、いつまでも若々しくきれいなのだと思う。

「年齢の言うことなんか、きかない」というのは、私を年齢で判断しないでね、自分のことは自分が一番よく知っているのだから任せておいて、ということ。

そういえばいつの間にかデパートの売り場から「ミセスコーナー」という洋服売り場がなくなった。年齢で区切るのではなくライフスタイルで提案しないと女性たちは振り向かなくなってきたのだ。

■ギャップを埋めていきたいです

夫にそばにいて欲しいときもある。でも正直、どこかに収納したいときもある。

旭化成ホームズ
2006年

人生、夫婦ふたりでいる時間は、定年後が一番長い。

平均寿命は、男性が80歳、女性86歳と、日本は世界でも有数の長寿国。

土日しかいなかった夫に、365日朝から晩まで家にいられるのは、確かに苦痛になる。趣味が別々だとなおさら鬱陶しいものだ。まあ喧嘩をせずにと、それぞれが過ごせる設計を工夫したのがヘーベルハウス。熟年世代向き、大人のリビングがある住まいという。

一昔前は鬱陶しい定年後の男性を、評論家の樋口恵子さんは「産業廃棄物」と命名した。TVの前で寝転んでいて掃除の邪魔になる旦那を「ぬれ落ち葉」とも。ヘーベルハウスは「産業廃棄物」をリビングに置いてあげようというのだから、優しい会社だ。

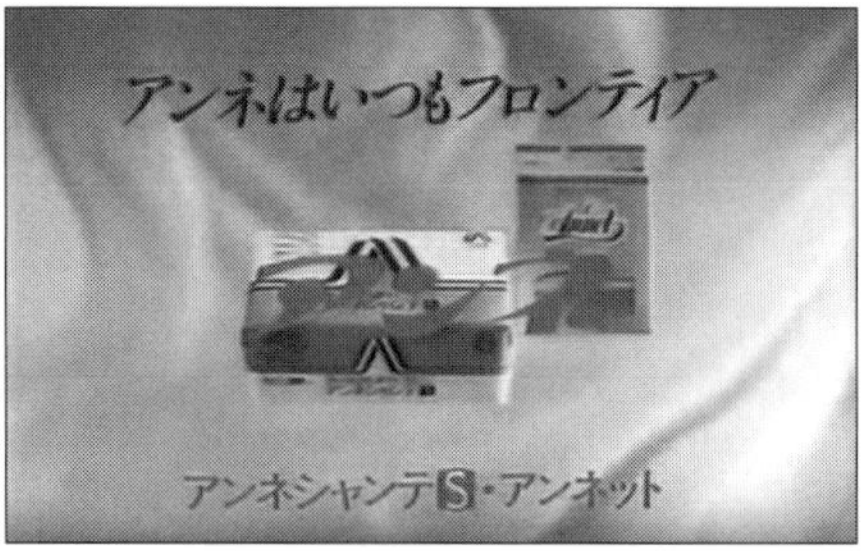

偉大なる女性に感謝

ライオン
1981年

2008年に「また女が生きやすくなってしまった」という生理用品の広告があった。社会に参加しようとする女性にとって生理はハンデである。これは男性にとって理解できないことだろう。毎月生理痛に悩む人もいるし、予期せぬ出血でスーツを汚してしまうことだってある。1961年に「40年間お待たせしました」という衝撃的なキャッチフレーズで登場したアンネナプキン。日本で初めての紙のナプキンだった。それまで日本の女性は綿や布で対処していたので、使い捨てできる衛生的なナプキンは福音であった。しかし不快な出血と苦痛に変わりはない。その後ナプキンは各メーカーによってさらに改良されてよりいいものができていった。

私はライオン㈱に携わるようになり、ナプキンの広告を担当した。各メーカーのCMは製品の性能の良さを実験的に見せるのが主流だった。私たちは逆説的に男性タレントを起用して差別化を図り、注目を集めることを狙った。男性にも生理があるべきだという主旨で。

「偉大なる女性に感謝」。バラの花束を抱えた桑田佳祐さんの語りであった。桑田さんは妻・原由子さんをパートナーとして音楽活動を共にしているため、生理の大変さを知っていたので、快く出演を受けてくれた。タレント交渉の過程で、女性の生理のCMに出るなんてお袋に怒られる、と断ってきたタレントもいた。アンネナプキンのおかげで、「月のもの」とか「アレ」とかはっきり言わなかった生理の日を普通に言えるようになり、運動も自由にでき、不快な気分も減少してくれたのは、ナプキンメーカーのおかげである。

日本人初の女性総理は、きっともう、この世にいる。

奈良新聞社
２００６年

奈良新聞は2006年、創刊60周年を迎えた。その年の3月8日、国際婦人デーに女性の可能性について考えるキャンペーンを行った。

朝日・毎日・読売・産経新聞という中央4紙でなく、地方紙であることに意義がある。

世界政治の舞台ではマーガレット・サッチャーが長いこと強力な指導力を発揮していた。ソ連国防省中央機関紙『赤い星』で、その強固な姿勢を称して彼女を「鉄の女」と揶揄したことから、それが代名詞になったほどの影響力があった。

アイルランドではメアリー・ロビンソンが第7代（1990－1997年）、メアリー・マッカリースが第8代（1997－2011年）大統領と2代続けて女性大統領が登場した。

インドネシアではメガワティ・スカルノプトゥリ大統領（2001－2004年）、カナダではキム・キャンベル首相（1993年）など、その活躍ぶりはマスコミ報道されていたので、名前はよく知られていると思う。

アメリカでは次期大統領にヒラリー・クリントンがなるかどうか、世界の耳目を集めている。

日本の近隣の国ではどうだろうか。

タイのインラック・シナワトラ元首相、韓国の朴槿恵大統領がリーダーシップを発揮しているのは誰でも認めることだろう。

翻って日本はどうだったろうか。日本では一人二人と大臣に抜擢される女性政治家はいたが長老派閥政治のため、なかなかチャンスはもらえない。第1次小泉内閣（2001年）の時、森山眞弓さん（法務）、田中眞紀子さん（外務）、遠山敦子さん（文部科学）、扇千景さん（国土交通）、川口順子さん（環境）と一気に5人の女性大臣が誕生し、日本にも女性首相の可能性がある、と期待感が高まった。

「20年後ぐらいにはそれが実現しているかもしれない。女性活用を推進していけば」という新聞社の思いがこの広告に表現されている。風景は奈良であろうか。この写真を見て、私はサッチャーが生まれた町、リンカーンシャー州グランサムを想像した。サッチャーが産声を上げたとき、空からグランサムを見下ろしたらこんな風景だったのではないだろうか。その昔、誰がグランサムという町に英国初の女性首相が生まれていると思っただろうか。グランサムという町を私は知らない。英国初の女性首相はロンドンの上流階級に生まれたのではなかった。普通の町の食糧雑貨商の家に生を受けていた。

日本初の女性首相も日本のこんな町のどこかに誕生していると期待したい。サッチャーのように普通の家庭に生まれ、努力する人であって欲しい。政治家の家に生まれた人ではなく、と。

※世界ジェンダー格差指数で、日本は男女平等ランキング104位

〈参考データ〉世界ジェンダー格差指数の国別順位（2014年版）

	総合		経済的参加と機会	教育達成度	健康と生存力	政治的エンパワメント
国	順位	点数	順位	順位	順位	順位
アイスランド	1	0.859	7	1	128	1
フィンランド	2	0.845	21	1	52	2
ノルウェー	3	0.837	2	1	98	3
スウェーデン	4	0.817	15	43	100	5
デンマーク	5	0.803	12	1	65	7
ニカラグア	6	0.789	95	33	1	4
ルワンダ	7	0.785	25	114	118	6
アイルランド	8	0.785	28	40	67	8
フィリピン	9	0.781	24	1	1	17
ベルギー	10	0.781	27	73	52	13
日本	104	0.658	102	93	37	129

世界経済フォーラムが発表した調査（２０１４年版）によると国会議員（衆院）男４３０人、女45人。男女平等ランキングは１０４位。

出典：The Global Gender Gap Report ２０１４より一部修正して作成

■日本の男たちはどこへ

男よ、立て。

宝島社（企業広告）
２０００年

結婚しない女性が多くなってきた。比例して結婚しない男性も多い。

自分から付き合おうという男性が多いのに、結婚できないと思っているのは、女性が断るケースが多いのか。俺について来いと言える甲斐性が無いせいか。セックスにがつがつしない淡白な草食系に変化したせいか。どうなのだろうか。

男性の人気の顔がしょう油系になったのはいつ頃だったか。その頃から顎が細くなって、細面の羊のように優しい「草食男子」が増えた気がする。

「草食男子」が初めて使用されたのは、「U35男子マーケティング図鑑」(『日経ビジネス』オンライン版連載、2006年)だった。コラムニストの深澤真紀さんが命名。その後『non-no』を始めとして、草食男子特集が雑誌に組まれ、更に新聞記事、テレビドラマや映画のテーマに取り上げられて一気に流布した。

2009年には新語・流行語大賞のトップテンに入った。

マスコミに取り上げられているうちに草食男子は優しくて元気のない若者の代名詞のようになったが、深澤さんの意図は、「心が優しく、男らしさに縛られず、恋愛にがつがつせず、他人を傷つけたりすることが苦手な男の子」というイメージだったという。しかし、「草食男子」は今の男子を見事に表現しているため、世間は大きな拍手で納得したのである。

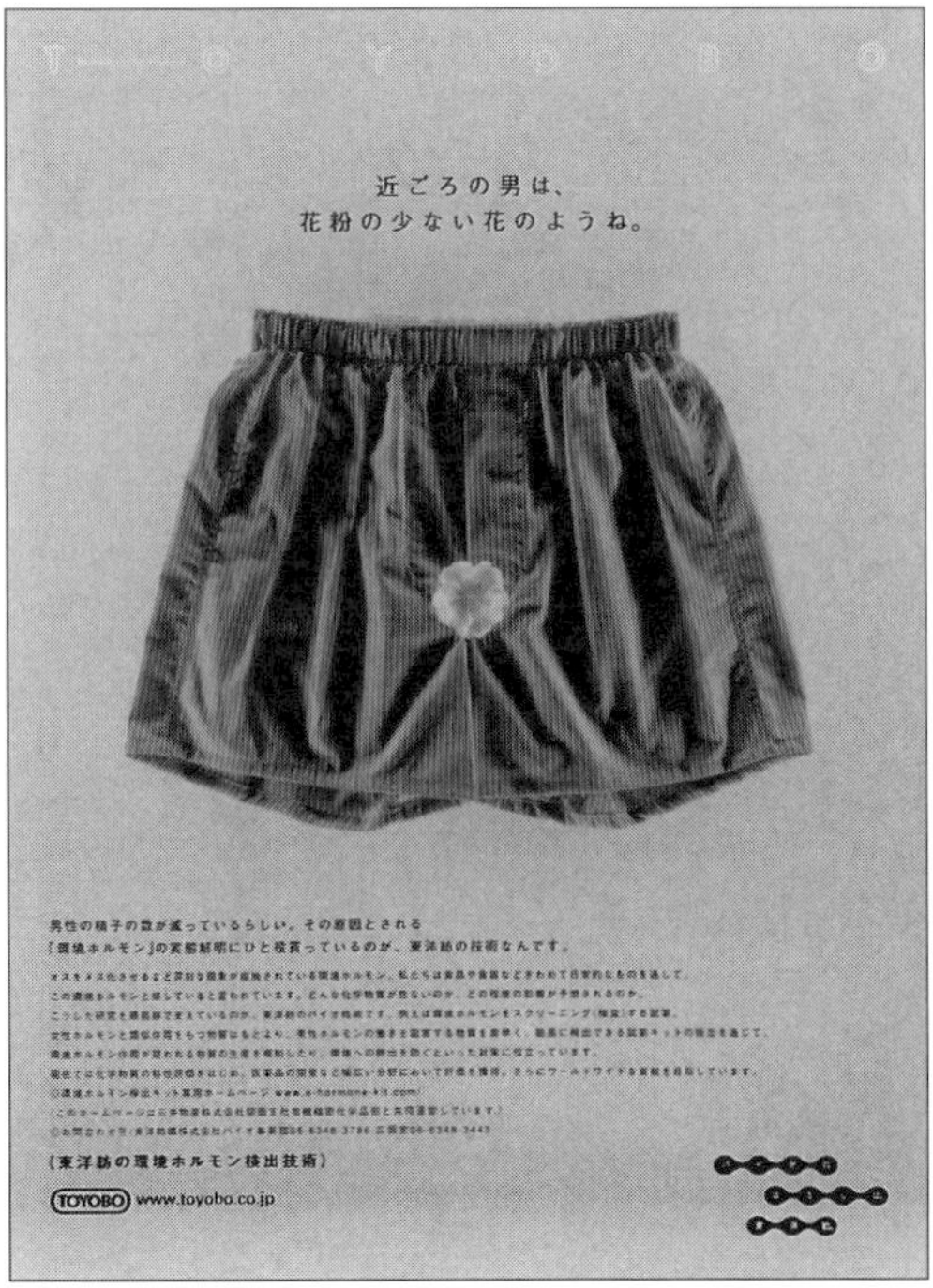

近ごろの男は、
花粉の少ない
花のようね。

東洋紡績
2002年

『結婚できない男』というテレビドラマがあった。結婚不要論を主張しながら心の底では寂しさを感じている。そんな独身男性の恋愛模様を描いたものだった。とにかく結婚できないのかしないのか独身者が巷に溢れている。

親たちは誰かいい人いませんか、と心配するばかりでどうしようもない。女性側のハードルが高いのも男性たちを尻込みさせている。婚活などのテレビ番組を見ていると女性たちが男性側を品定めしていて決定権は彼女たちのものだ。男性はすごすごと引き下がる。女性は新たにハンティングに出かける。動物の世界では1匹のメスを争ってオス同士が壮絶な一騎打をしているじゃないか。そんな逞しさが人間のオスから失われてしまったようだ。優しい男性はそれはそれでいいけれど。人畜無害からはフェロモンが感じられない。ＡＫＢ何とかの少女にのめりこんでいるような、そんな幼さでは少子化問題は解決されそうもないかも……。

主夫、はじめました。

ライオン
2015年

俺は家では野党だ

大和ハウス工業
2013年

■アラフォーは上手に生きている

男女雇用機会均等法世代は、家庭でも企業の中でもそれなりに賢く生きる術を持っているように思える。

家事分担は当たり前と化していて、男性の理解も進んでいる。住宅環境、電化設備の進歩、調理器具の進歩、レトルト製品の充実、コンビニやスーパーの普及。上手く使えばミセス暮らしは大幅に楽になった。共働きしやすい環境が出来上がっている。夫も上手く使えば、もっとラク、ということになる。

キャリアを重ねてきた人は企業内に存在感を増してきている。責任あるポジションについている人も多い。テレビドラマでも女性上司が主役というストーリーに違和感がなくなり、視聴率を稼いでいるドラマが増えている。それだけ現実感があるのだろう。

「タフでなければ、生きて行けない」というセリフは、女性専用にしたい。

岩田屋
1997年

最高のパートナー

ＳＭＢＣ日興証券

２０１５年

イチローと天海祐希はＳＭＢＣ日興証券の社員。それぞれ顧客と会い投資信託をセールスしている。場面は変わってどうやら二人は同じセクションで机を並べている。天海祐希の仕事がどうやら成立したらしい。天海とイチローはハイタッチして大喜び。

天海は得意先に向かうのか勢いよく歩き、追い抜きざまに「遅いよ！」とイチローの肩をたたき一緒に走り出す。

これはＣＭだが、このようなシーンは最近見かけるようになった。男女雇用機会均等法30年の成果だろう。肩ひじ張らず能力を発揮している頼もしい女性たち。男性社員を従えて会議に列席するキャリア・ウーマンも珍しくなくなった。女性上司も違和感がなくなってきたようだ。

しかしまだまだ男女平等度は国際ランキングでみると低い。世界経済フォーラムの「世界ジェンダー格差指数」の国別順位では、日本はなんと１４２ヵ国中１０４位（２０１４年）。国連開発計画の「ジェンダー不平等指数」だと、日本は１４８ヵ国中21位（２０１２年）。（調査の項目の指標の違いとか）どちらがほんと？と聞きたいがどちらにしても問題だ。女性登用にクオーター制をという声もあるが、女性は男性も従っていくような誰もが認める実力者であるべきだと思う。ＳＭＢＣ日興証券が言うように一緒に喜びを分かち合い、お互いに支え合う、最高のパートナーになることが理想である。

■政治家に見て欲しいCM

確かに女性の生活は30年前に比べれば、手を伸ばせば希望に届くようになった。しかしまだまだ解決してほしい事柄がある。

一歩進むごとに新たな問題に直面して、社会は一つひとつ解決してきた。時間はかかったけれど社会の良心は育ってきた。セクシャル・ハラスメントという概念がなかった男性社会でも、講習会を行ったり、セクハラ防止のパンフレットを配布したり、それなりに男性と女性の意識のギャップを埋めようと努力してくれている。

昔の女性たちの生活を考えれば、選挙権は手に入れた、雇用の機会もそこそこに男女同権になった。そして子供を産む性である以上、子育てはしたい。しかし仕事は続けたい。それって欲張りですか?

夫は協力する気はあるけれど、やっぱり母親の比重は重い。今、子育てママが直面している心理を数社がテーマに取り上げている。

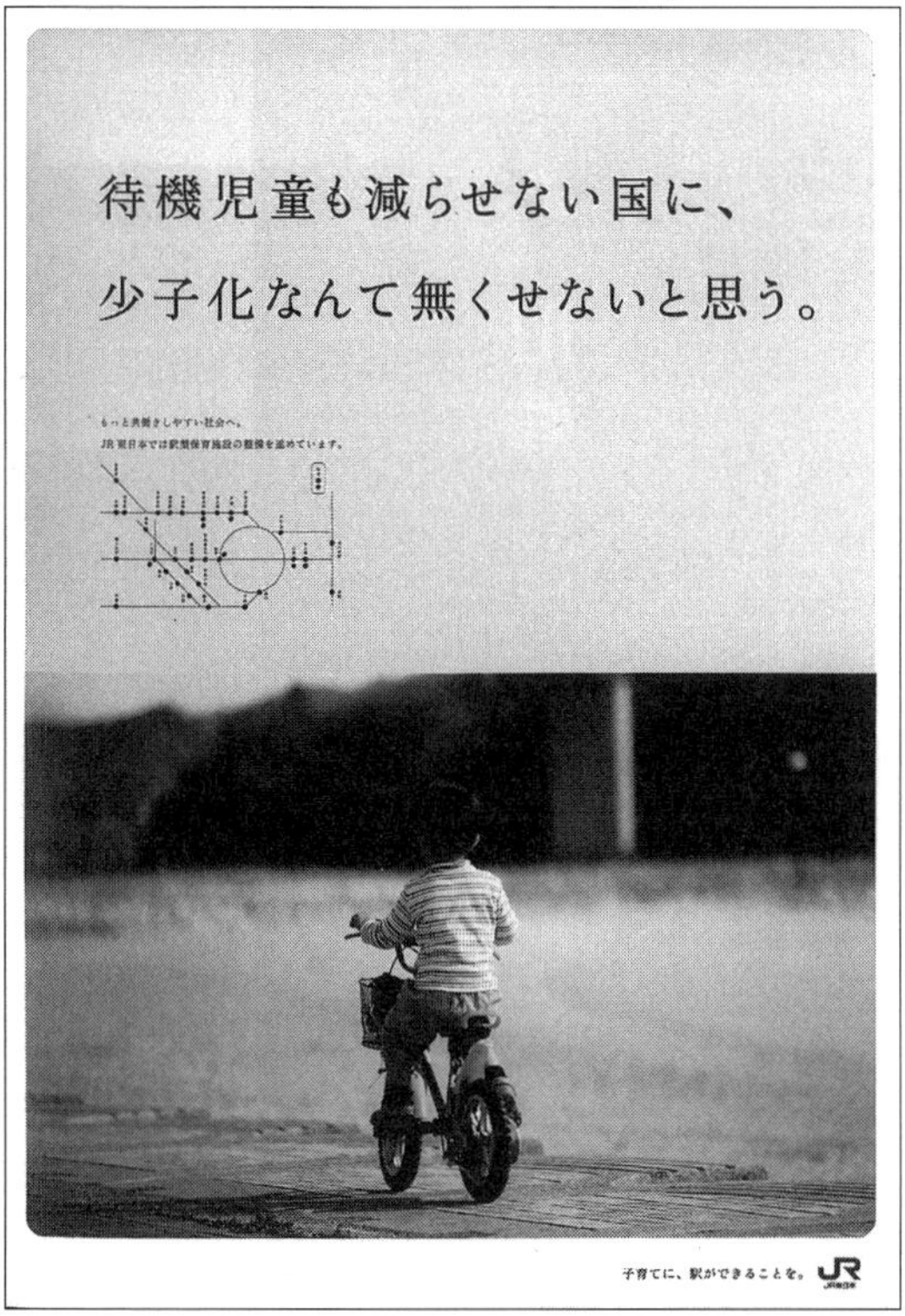

待機児童も減らせない国に、少子化なんて無くせないと思う。

東日本旅客鉄道
２０１０年

大丈夫

サイボウズ

２０１４年

ある会社の風景、5時頃か。「お先に失礼します」と女性社員がそそくさと立ち上がる。帰り道はほとんど走っている、と女性のモノローグ。送り迎えは私がするっていつ決まったんだっけ、と疲れた声で胸の中でつぶやく。この女性はママだったのだ。保育園に迎えにいき、飛びついてきた男の子は体調がよくなかったようだ。

手をつなぎ家路を辿りながら、今日の会議は結構大事だったし、明日病児保育へ預けられるだろうか、そうしたらお弁当を作らなければ、といろんなことが頭をよぎる。ママ抱っこして、と子供。疲れた体で抱き上げると首にしがみついた子はママの胸の内を感じ取ったのだ。「ママ大丈夫?」

このCMは働くママの実情がリアルに描かれている。共働きの場合、夫は会社優先を当然のように振る舞い、女性に犠牲を要求する。俺は忙しいから君が何とかしてくれよ、という具合に。妻は後ろ指をさされたくないと頑張っているのに。育児はどうしても母親のほうの負担が多くなる。会社員としての責任と育児の義務と母性との三つ巴になって働く母親は疲れてくるのだ。これがオン・エアされるとよくぞ描いてくれたという声と、旦那はなにをしているのか、可哀そうじゃないかという声と二分されて賛否両論。次作は夫が保育園の送り迎えに行き妻をいたわる設定になった、という記念すべき作品だ。

「働くママたちに、よりそうことを。サイボウズは応援します。」

このサイボウズのキャッチフレーズのように社会が、夫が、皆がなってくれることを望みたい。

女性が幸せに
働けない会社が
女性を幸せにできる
はずがない

再春館製薬所
２０１４年

「ドモホルリンクルの仕事場には、ときどき赤ちゃんが出社します。それは『子育て面談の日』。育児休暇中の社員には上司が先輩ママとして話をします。子育てのアドバイスや、仕事と家庭を両立させるコツなど、育休中の不安には何よりも経験者の話が心強いのです」というナレーション。

再春館製薬所は育児休暇中の社員と赤ちゃんともどもコミュニケーションをとる仕組みになっているようだ。机を挟んでママと赤ちゃん。久しぶりに会社の空気に触れ、情報に接することができて、また先輩からいろいろアドバイスがもらえるのはうれしいことだ。

育休を取っているとスキルが落ちるのではないか、世の中から取り残されているのではないか、復帰できるのだろうか、といろいろな不安にかられるものだ。再春館製薬所のように会社がフォローしてくれるのはとてもいいことだ。

先輩もママであるということは両立ができるということの証明。いい人材を確保しておけば会社の業績も上がる。「子育て面談の日」のような周囲のバックアップがあれば、家族をもう一人増やしたいという気持ちにもなるだろう。

少子化対策にはこのようなきめ細やかな心配りが必要なのだ。

きしんでません?「キッチン」篇

小原歯車工業
2009年

キッチンの食卓風景。ギシギシ、ギシギシ、何やらきしむ音ばかり。

サラリーマンの夫が新聞を読みながら食事をしている。妻は忙しく洗いものをしている。ギシギシ。夫はおかずが気にくわなかったのか、箸で何かをつまみあげて妻をなじる。ギシギシ。振り向いた妻はギシギシ。私だって忙しいのよ、と怒った表情でやり返す。ギシギシ。険悪な空気が夫婦の間にギシギシ。そんな空気を無頓着に、太った姑はおかわりおくれとお椀を妻に差し出す。ギシギシ、ギシギシ。もうやっていられないわと妻の顔。ギシギシ。

セリフは一切なし。心理描写の「ギシギシ」の音だけ、といった風変わりなCMがあった。亭主関白の夫と姑の世話に追われている主婦がふつうだったな、と一昔前の家庭の情景を思い出した。苦労は女性にばかり皺寄せがきていた。

こんなきしむ家庭に後戻りしたくない。夫の家事・育児参加をもっと望みたいし、安心して親を預けられる介護付有料老人ホームも充実して欲しいし、と考えさせられるCMだった。

小原歯車工業は歯車を作っている会社。この会社の歯車のように、社会をきしませない政策が女性の「きしみ」を取り去ってくれることを望みたい。

広告が先を行っているのか、現実がこうなってきたのか、
やっぱり広告は時代の牽引車なのだと思う

お互いを支え合い、
喜びを分かち合う。
私たちは、あなたの明日を
いっしょに考える
パートナーでありたい。
いっしょに、明日のこと。

SMBC日興証券
2015年

広告は人生を変える

――「女性の人生」は広告によって拡がった

ヒューマン・コミュニケーション研究所　所長　渡邉嘉子

広告の受け手の半分は女性です。しかも日本の家庭においては、主婦が日常的な財布を握ってきました。多くの商品が消費者となる女性の最終判断によって購入されるのですから、広告制作者や広告研究者の半分が女性でも不思議ではないと思ってきました。しかし日本の広告界では、女性広告クリエイターの感性が期待されてはいても、女性が広告の世界で働き続けられる社会環境・家庭環境では、ほとんどありませんでした。それは広告主の要望にベストを尽くして応えようとすれば、昼・夜の無い仕事が待っていたからです。

2015年9月現在においても、TCCメンバー904人のうち女性は181人で、全体の20%にすぎません。女性活躍推進法が成立した今、広告業界でさらに女性が活かされていくことが望まれます。

脇田さんはこうした業界の第一線で長く仕事を続けられ、多くの広告クリエイターを育成しながら広告制作会社のトップとして、広告の時代変化を見守り続けてこられました。

脇田さんは、「女性と広告」を語れる稀有な存在であるとともに、広告を通して女性史を語れる証言者でもおられると思うのです。

思えば私が初めて脇田さんにお目にかかったのは昭和47年度朝日広告賞の授賞式でした。脇田さんは「朝日広告賞」を、コピーライターとして受賞しておられました。女性が社会で期待されなかった時代で、将来に暗澹とした気持ちを持っていた私は、ひそかに一人だけで作り出品した広告が入選し、暗闇に一筋の光明を見た思いで授賞式に臨んでいました。そこですでに堂々と広告界で活躍しておられた脇田さんの姿に出会い、私は大いに勇気づけられたものです。この広告の世界は、女性のアングルがバランスよく加わってこそ、消費者の期待に応え、広告の質が向上していくはずだと信じることができたのです。

その後私は人生を変える求人広告・企業広告の質向上と制作者育成に取り組みました。求人広告はコネ採用ではない公開されたフェアな人材採用の世界だということにやりがいを感じたものです。広告は人の幸せを願うもの。女性の活躍が推進される時代に入った今、この本の存在は「男女共に活かされる時代の広告」への、新しい時代を開く扉となるのです。

まとめ

この原稿をまとめた２０１５年は戦後70年、男女雇用機会均等法成立30年という節目の年で記憶を新たに呼び戻すニュースが多かった。

首相の70年談話ではないが、新日本国憲法のおかげで女性は選挙権、被選挙権を行使できるようになり、望めば高等教育を受けられ、男性と肩を並べてサラリーウーマンになれるようになった。

そして、２０１５年はさらに記念すべき年になった。

一つは選挙制度の改正が決定したこと。選挙権が20歳から18歳に引き下げられた。これは若者の意識を変え、政治を変え、社会全体の改革につながる法改正であると思う。

もう一つは女性活躍推進法である。日本の活力を取り戻すためという下心が見え見えだが、男女雇用機会均等法成立から30年たったとはいえ、全くの均等社会にはなっていないことの証明である。企業では活躍推進を義務化されていくわけだから女性のモチベーションはあがるだろう。しかし、問題はいくつかある。活躍推進というのであれば出産育児にかかる保育所設備や子育てによるキャリア中断後のケア（男性にはキャリア中断という心配がない）まで目配りして欲しい。復帰したい意欲はあっても非正規採用の口しか見つからないのが現実である。

さらにもっと大きな問題は国の法律が及ばない「家庭内均等法」である。「夫の6割は家事に非協力的」（ソフトブレーン・フィールド・主婦の家事実態調査2013）。6歳未満児を持つ男性の家事育児時間は1日約60分（総務省・社会生活基本調査　平成18年）、内閣府の調査でも欧米諸国と比較して1／3程度。男性の育児参加が進んでいない。夫の家事育児時間が長いほど第2子以降の出産も増えるという。少子化対策を講じるなら家庭内均等法を論じるのが先決である。スーパーウーマンでない限り、妻は勤続疲労を起こしてしまう。

米国ではヒラリー・クリントンが民主党から、共和党からはカーリー・フィオリーナがそれぞれ大統領候補に名乗りを上げている。フィオリーナはヒューレット・パッカードの元CEO兼会長で実業家。根っからの政治家ではない。企業経営者が大統領の任務を務められるのかと危惧してしまうが、そこが日本的考え方の狭いところであろうか。

以前北欧に取材に訪れた際、閣僚に女性が多い理由を聞いたことがある。

国の家計も家の家計も同じよ、女性のほうが経済を上手にハンドリングできる、という答えが返ってきたことを思い出した。日本も異なった分野から首相に立候補できるような土壌になったらいいな、と思う。そういえば日本にも経営者から横浜市長に立候補して業績を上げている林文子さんがいる。チャレンジすれば女性ならではの視点から実績を上げられるのだ。女性活躍推進法が10年後、どのような実績を示してくれるか検証していきたい。広告は企業と生活者のコミュニケーションを高め、お互いにウィン・ウィンの関係を築いていくのが仕事。女性が明るければ男性も楽になるはず、経済も明るくなる。

いつの日か女性活躍推進法なんてそんな古い法律あったかしら？　と言われるようになることを願っている。

本書の刊行にあたり、広告主、制作主、関係者の皆様に多くのご助力をいただいた。ご協力に深謝したい。全ての関係者へのご連絡、ご教示の反映が十分ではない点もあるかと思いますが、ご理解くださるようお願いさせていただきたい。また、女性をバックアップしてくれた広告は多数あり、著作権、肖像権等の関係から掲載できなかったもの、また画像を載せられなかったものもいくつかあった。しかしコピーで十分コンセプトがわかるので、一部は画像を省き、コピーだけの紹介にさせていただいたことを申し上げて本書を終える。

脇田　直枝

これは1982年の新聞協会のキャンペーンに一役買ったものだ。

「女は元気。」と言っているのはまだ本当に元気でなかったから成立した広告だった。私が子持ちで、サラリーウーマンであることに希少価値があったのだろう。これからこんな時代になるよ、という新聞の先取りキャンペーンだった。

大波・小波・漣の戦後ウーマン史

1946年（昭和21年）　日本国憲法公布
婦人参政権確立
戦後初の総選挙
女性の投票率67％　加藤シヅエさん等39人の婦人代議士が国会へ

1947年（昭和22年）　労働基準法公布
労働省に初の女性局長誕生
（山川菊栄さん、初代・労働省婦人少年局長）
不敬罪、姦通罪廃止

1948年（昭和23年）　厚生省　母子手帳配布
主婦連合会結成（奥むめお会長）
上村松園さん、女性初の文化勲章受章

1949年（昭和24年）　「母の日」初実施

1950年（昭和25年）　女性の平均寿命　初めて60歳を超えた
（女61・5歳　男58・0歳）

1951年（昭和26年）　日本航空の発足により、女性の新職業・スチュワーデスが脚光

1952年（昭和27年）　全国地域婦人団体連絡協議会結成（山高しげり会長）

1953年（昭和28年）　NHKテレビ放送開始を国連総会で採択
日本婦人団体連合会結成（平塚らいてう会長）
伊東絹子さん、ミス・ユニバース3位入賞で日本女性の美しさが認められるようになった

1955年（昭和30年）　第1回日本母親大会に2000人が参加

1956年（昭和31年）　売春防止法公布

１９５９年（昭和34年）　日本、国際連合に加盟
　皇太子ご成婚　民間初の皇太子妃、美智子さま
　田中聡子さん、２００メートル背泳世界新記録（２分37秒１）
　児島明子さん、ミス・ユニバースに選ばれる
１９６０年（昭和35年）　初の女性大臣誕生（中山マサ厚生大臣として入閣）
１９６４年（昭和39年）　母子福祉法公布
　平均寿命　女性72・8歳　男67・6歳
　東京オリンピック開催
１９６５年（昭和40年）　母子保健法公布
１９６６年（昭和41年）　女性の結婚退職制　住友セメント違憲裁判判決
　↓均等法で禁止（１９８５年）
　人口１億人を超えた
１９６７年（昭和42年）　男女同一賃金に関するＩＬＯ１００号条約の批准を国会で承認
　女性雇用者が１０００万人突破
　「女性差別撤廃宣言」を国連総会で採択
１９６８年（昭和43年）　ＧＮＰ　世界第2位となる
１９６９年（昭和44年）　総選挙　女性の投票率（69・12％）が衆院選挙で初めて男性を上回る
　小学校の女性教員が50％を超えた（50・３％）
１９７０年（昭和45年）　大阪で日本万国博覧会開催
　中根千枝さん、東大初の女性教授となる
　第一回ウーマン・リブ大会開催
１９７１年（昭和46年）　優生保護法改正反対のデモが盛んになる
１９７２年（昭和47年）　名古屋テレビ　若年停年制訴訟原告勝訴

１９７５年（昭和50年）　日本女子登山隊エベレスト登頂　女性では世界初の成功
男女の賃金差別、秋田相互銀行賃金差額請求事件
国際婦人年世界会議　メキシコで開催（６月）
国際婦人年世界会議　東ベルリンで開催（10月）
国際婦人年日本大会開催（11月）
１９７６年（昭和51年）　女性への犯罪を告発する国際会議　ベルギーで開催
１９７７年（昭和52年）　国立婦人教育会館設立
（女性教育指導者育成を目的に文部省の附属機関として）
樋口久子さん、全米女子プロゴルフ選手権で日本人として初優勝
エリカ・ジョング『飛ぶのが怖い』から、「翔んでる女」が流行語に
１９７８年（昭和53年）　第１回婦人白書「婦人の現状と施策」が発表される
１９７９年（昭和54年）　日本女性学会設立
１９８０年（昭和55年）　日本初の女性大使登場（高橋展子デンマーク大使）
「国連婦人の10年」中間期世界会議　コペンハーゲンで開催
１９８１年（昭和56年）　男女別定年制違反、日産自動車最高裁で確定
↓民法90条の公序良俗違反で禁止
労働省パートバンク（パート専用職安）設立
１９８３年（昭和58年）　佐々木七恵さん、東京国際女子マラソンで日本人初優勝
１９８５年（昭和60年）　国連の「女性差別撤廃条約」を批准
男女雇用機会均等法制定（１９８６年施行）
労働者派遣法制定（１９８６年施行）
１９８６年（昭和61年）　財団法人女性職業財団設立（女性労働者の均等な機会と待遇の実現を図る組織として）
日本初の女性党首誕生（土井たか子社会党委員長）

１９８７年（昭和62年）　配偶者特別控除を新設
　岡本綾子さん、全米女子ゴルフで外国人初のＬＰＧＡツアー賞金女王となる
１９８９年（平成元年）　合計出生率１・57まで低下　「１・57ショック」流行語に（１９９０年）
１９９１年（平成３年）　育児休業法成立
　緒方貞子さん、国連難民高等弁務官に就任（～２０００年）
１９９３年（平成５年）　財団法人女性職業財団が財団法人21世紀職業財団に改称
　（労働者派遣法、育児休業法等により短時間労働や多様な働き方の男女双方を対象とする事業に取り組むことになったため）
　皇太子ご成婚　雅子さま皇太子妃となる
１９９４年（平成６年）　国連　国際家族年と制定。「家族：変わりゆく世界における資源と責任」をテーマとした
　初の女性最高裁判所判事誕生（高橋久子さん）
　向井千秋さん、日本人女性初の宇宙飛行士として宇宙へ
１９９５年（平成７年）　育児休業法「育児・介護休業法」に改正
　「エンゼルプラン」策定
　（少子化傾向を食い止めることを目的とした「子育て支援のための総合計画」の通称として）
　国連第４回世界女性会議　北京で開催
１９９６年（平成８年）　非正社員の賃金差別禁止　丸子警報器事件長野地裁
　→パート労働法改正で差別禁止（２００７年）
　男女共同参画２０００年プラン策定　５年間で取り組むべき課題策定
１９９７年（平成９年）　男女雇用機会均等法大幅な改正
　→「改正男女雇用機会均等法」
　募集・採用・配置・昇進等で男女差別全面的に禁止
　女子保護規定、全面撤廃

１９９９年（平成11年）　男女共同参画社会基本法制定
改正労働者派遣法
一部の除外業種を除くすべての業種で派遣が可能となり、
派遣社員や契約社員、パート、アルバイトが増加
２０００年（平成12年）　初の女性知事誕生（大阪府・太田房江知事）
高橋尚子さん、シドニーオリンピックで金メダル、五輪記録
ストーカー規制法施行
改正少年法が成立
２００２年（平成14年）　多様な働き方とワークシェアリングに関する政労使合意
２００３年（平成15年）　少子化社会対策基本法成立
２００４年（平成16年）　３００万以下の給与所得者　男性20％、女性65・５％（国税庁「民間給与実態統計調査」）
男性１００とした場合、女性現金給与額67・５％に（厚生労働省「賃金構造基本統計調査」）
男女間の賃金格差浮き彫りに
２００５年（平成17年）　女性の再チャレンジ支援プラン提案
国勢調査による平均週間就業時間（15歳以上）　男性45・7時間　女性34・9時間
愛・地球博　名古屋で開催
２００６年（平成18年）　「男女雇用機会均等法」再改正、翌年施行　男女双方への差別禁止
厚生労働省　多様就業型ワークシェアリング制度導入実務検討会議報告書
２００７年（平成19年）　仕事と生活の調和（ワーク・ライフ・バランス）憲章策定
仕事と生活の調和推進のための行動指針策定
女性の就業者数２６６３万人　5年連続増加（総務省統計局「労働力調査」）
待機児童１７９２６人（4月調査）保育所問題浮上
２００８年（平成20年）　北京オリンピック開催

２００９年(平成21年)　裁判員制度施行
　コース別雇用は労基法違反　兼松、最高裁で確定
２０１１年(平成23年)　ＡＰＥＣ女性と経済サミット　サンフランシスコで開催
２０１２年(平成24年)　石井菜穂子さん、地球環境ファシリティ評議会最高経営責任者就任
　女性活躍推進に優れた上場企業「なでしこ銘柄」を選定
２０１３年(平成25年)　待機児童ゼロ、横浜市達成
　本田桂子さん、多数国間投資保証機関長官就任
　育休３年　政府提唱が話題に
２０１４年(平成26年)　「すべての女性が輝く社会づくり本部」推進室発足
　育児休業取得率　女性86・６％　男性２・30％
　(政府が掲げる２０２０年までに男性の取得率目標13％)
　国際女性ビジネス会議開催
２０１５年(平成27年)　男女雇用機会均等法制定30年
　政府　女性活躍推進法成立
　(２０２０年までに女性管理職比率を30％に目標設定)
　「暮らしの質」向上検討会開催、提言
　少子化社会対策大綱　５年ぶりに改正(若年層の結婚・出産に重点)
　子供の誕生直後の男性の休暇取得率80％目標設定
　林陽子さん、国連女子差別撤廃委員会委員長に就任
　かねてより委員会は日本国民法改正の必要性を示唆
　「女性だから一般職」企業(東和工業)に賠償命令　金沢地方裁判所
　国連女性機関が選ぶ男女共同参画を推進する10大学に名古屋大学が選出
　東京都は「女性活躍推進白書」策定(予定)

広告は、社会を揺さぶった
ボーヴォワールの娘たち

発行日　二〇一五年十二月十日　初版第一刷発行
著者　脇田直枝
発行者　東 英弥
発行元　株式会社 宣伝会議
〒一〇七-八五五〇 東京都港区南青山三-十一-十三
電話　〇三-三四七五-七六七〇（販売）
〇三-三四七五-七六六〇（編集）
印刷・製本　シナノ書籍印刷株式会社
装丁・本文デザイン　狩野雄司　髙松法弘
組版　株式会社 鴎来堂

ISBN978-4-88335-345-3 C2063